a invenção da poesia
& outros poemas

Obras do autor pelo Grupo Record

Elegia de agosto e outros poemas

A guerra do gato

De paixões e de vampiros – uma história do tempo da Era

Sob o céu de Samarcanda

Estação infinita e outras estações

Poesia reunida e inéditos

Tumulto de amor e outros tumultos – criação e arte em Mário de Andrade

Forma e alumbramento – poética & poesia em Manuel Bandeira

Ruy Espinheira Filho
a invenção da poesia
& outros poemas
(2019 – 2022)

1ª edição

EDITORA RECORD
RIO DE JANEIRO • SÃO PAULO
2023

CIP-BRASIL. CATALOGAÇÃO NA PUBLICAÇÃO
SINDICATO NACIONAL DOS EDITORES DE LIVROS, RJ

E76i   Espinheira Filho, Ruy
       A invenção da poesia & outros poemas / Ruy Espinheira Filho. - 1. ed. -
Rio de Janeiro : Record, 2023.
       252 p.

       ISBN 978-65-5587-731-1

       1. Poesia brasileira. I. Título.

23-83333   CDD: 869.1
                              CDU: 82-1(81)

Meri Gleice Rodrigues de Souza - Bibliotecária – CRB-7/6739

Copyright © Ruy Espinheira Filho, 2023

Texto revisado segundo o Acordo Ortográfico da Língua Portuguesa de 1990.

Todos os direitos reservados.
Não é permitida a reprodução total ou parcial desta obra, por quaisquer meios, sem a prévia autorização por escrito da Editora.

Direitos exclusivos de publicação em língua portuguesa somente para o Brasil adquiridos pela:
EDITORA RECORD LTDA.
Rua Argentina, 171 — 3º andar — São Cristóvão
20921-380 — Rio de Janeiro — RJ
Tel.: (21) 2585-2000

Impresso no Brasil

ISBN 978-65-5587-731-1

Seja um leitor preferencial.
Cadastre-se no site www.record.com.br
e receba informações sobre nossos
lançamentos e nossas promoções.

Atendimento e venda direta ao leitor:
sac@record.com.br

À memória de

Valdomiro Santana, contista, crítico, ensaísta, velho amigo;

Geraldo Sarno, cineasta, primo e amigo, por seu amor pelos pobres da terra;

Luiza Ramos Amado, filha de Graciliano Ramos, esposa do saudoso James Amado, bela amiga;

Carlos Eugênio Junqueira Ayres, jornalista, professor, romancista, contista, fotógrafo, amizade constante;

João Carlos Teixeira Gomes, Joca, jornalista, poeta, contista, memorialista, crítico, ensaísta, biógrafo de Glauber Rocha, grande amigo;

Olga Savary, poeta, tradutora, generosa amiga;

Roberto Gaguinho, exemplar na fotografia, no jornalismo, no cinema, na amizade, na boemia.

A
Miguel Sanches Neto,
Rodrigo Lacerda,
Cristiane Mateus,
André Seffrin,
Alexei Bueno,
Paulo Henriques Britto,
Nanja e Antonio Brasileiro,
Antônio Torres,
Roniwalter Jatobá,
Florisvaldo Mattos,
Cida e Carlos Barral,
Iacyr Anderson Freitas,
Paulo Martins,
Carlos Barbosa,
Carlos Machado,

Ricardo Vieira Lima,
Jayro José Xavier,
Luciano Lanzillotti,
Clélia e André Caramuru Aubert,
José Lázaro Guimarães,
Fafá e Durval Burgos,
que me acompanham de perto.

E aos que já partiram
e ainda, no sono e em vigília,
também me acompanham de perto,
muito de perto,
profundamente.

Para
Matilde e Mario,
meus filhos,
e
Maria da Paixão,
minha companheira.

"Se um dia o mundo se romper sob seus pés, a arte permanecerá existindo independentemente como elemento criador e será a possibilidade meditativa de novos mundos e tempos."

Rainer Maria Rilke
Sobre arte (1898)

"O poeta é o que sempre excede o que pode fazer. (...) Exija de si o que sabe que não poderá fazer. Não é outro o caminho da Beleza."

Fernando Pessoa
Carta a Luís de Montalvor (1914?)

"Método, Método, que queres de mim? Bem sabes que comi do fruto do inconsciente."

Jules Laforgue
Moralités légendaires

"A escrita chega como o vento, é nua, é de tinta, é a escrita, e passa como nada mais passa na vida, nada mais, exceto ela, a vida."

Marguerite Duras
Escrever

"Para meus versos, como os vinhos raros,
Seu tempo chegará."

Marina Tsvetáieva
Para meus versos, escritos num repente
(Maio de 1913, Koktebel)

SUMÁRIO

PREFÁCIO..13
    Poesia do sonho e da utopia, de Ricardo Vieira Lima

I

A invenção da poesia 21

Soneto do puro silêncio 22

Iguais 23

Pesadelo 24

Soneto cordial 27

Imortais 28

O baile 29

Como nos versos de Homero....................................30

Certa vez 32

Na quietude da noite 33

Canção de um mistério 35

Soneto de uma canção..36

Sonho de uma visita 37

Um rio 39

Outro poema da menina morta.................................40

Antiga e ingênua canção.. 42

Soneto da tarde obscura...43

Memento mori.. 44

Sonho e espelho... 45

Carneirinhos 46

77..48

Lembranças..52

Lirismo 53

Soneto de uma tarde em chamas 54

Viagens 55

O brinde luminoso...58

De manhã e memória 64

Família 66

Conto de primavera 67

Um rio e outros 68

Arte, uma lição 70

Soneto do tempo 72

Tranças 73

Soneto dos enganos 74

Um movimento 75

Soneto de um ocaso 77

Essa terra 78

Soneto das lições 79

Noites 80

Soneto das perguntas ou das vidas 81

Iluminações 82

Soneto da mulher que se foi 85

A casa 86

Dia primeiro 88

Soneto do retorno 89

Vozes 90

De vinho e de poetas 91

Soneto do vento 95

Ele pensa 96

Distância 97

O passarinho 98

A porta 100

Soneto do anjo final 102

Roaz 103

O presente da Lua e do Sol 105

Uma canção do vento e da noite 109

Poema dos meses 111

Soneto dos sonhos ou de antes e depois 117

Enquanto tarda o abismo 118

Entre nós 119

Uma canção de saudades 121

Soneto das musas 124

Amigos.. 125

Canção do destino.. 126

3 notas sobre o Tempo... 127

Canção das quimeras.. 128

Companhias.. 130

De súbito.. 131

Sua voz... 132

Folhas 133

Improviso triste.. 135

De anjos e fantasmas.. 136

Soneto estranho na brisa do ocaso....................................... 138

Soneto do mistério 139

Sonhos 140

Encontro 143

Canção de cinzas.. 144

Soneto dos que se foram 146

Da foto da igreja e de outros mundos 147

Do sonho 152

De estrelas e infinito... 154

Uma canção de outono... 156

Naquele banco 157

Suavidade... 159

Neste longe 161

Canção nas ondas do maralto... 162

A foto sobre a estante... 165

Poema das possibilidades 168

Neste baile 170

Tarde de domingo 172

Um novo endereço 173

Jardins.. 175

Um soneto da Alegria... 177

Oitenta anos... 178

II

Quatro poemas destes dias obscuros

1. Serenata ao luar 187
2. Soneto de um triste país................................ 188
3. Soneto do país perdido 189
4. Canção em tempo de pandemia....................... 190

III

Anotações sobre almas ilustres................................ 195

SOBRE O AUTOR

Do autor... 225
Cronologia da vida e da obra de Ruy Espinheira Filho............. 233
Sobre o autor 243

PREFÁCIO

Poesia do sonho e da utopia

*Ricardo Vieira Lima**

Se a poesia é a "invenção da verdade", como bem disse Mario Quintana, o que vem a ser "a invenção da poesia"?

Trata-se, a princípio, do poema de abertura (homônimo ao título) deste novo livro de Ruy Espinheira Filho, escrito entre 2019 e 2022 – portanto, em plena pandemia da Covid-19 –, o qual, excluindo-se as antologias e reuniões de obra sem inéditos, é a vigésima coletânea de um autor que segue, corajosa e inabalavelmente, o caminho que ele mesmo traçou para si, há quase 50 anos, ao estrear na poesia brasileira com a edição de *Heléboro* (1974).

Nessa trajetória única, iniciada em plena ditadura militar, e, ainda, na mesma década em que se viu a eclosão da contracultura e da poesia marginal, no Brasil, Espinheira Filho surgiu no cenário poético nacional na mesma época em que publicaram, pela primeira vez, outros poucos nomes independentes, a exemplo de Anderson Braga Horta, João Carlos Teixeira Gomes, Antonio Brasileiro, Reynaldo Valinho Alvarez e Carlos Lima, mas também no mesmo período em que despontaram poetas mulheres singulares, de amplo destaque, descoladas de quaisquer grupos literários, como Orides Fontela, Maria da Conceição Paranhos, Dora Ferreira da Silva, Olga

---

* Doutor em Literatura Brasileira pela UFRJ, crítico literário, ensaísta, jornalista, poeta e editor-assistente da revista *Fórum de Literatura Brasileira Contemporânea* (UFRJ). Organizou e prefaciou os livros: Anos 80, da coleção Roteiro da Poesia Brasileira (Global, 2010), e *Poesia completa*, de Ivan Junqueira (Glaciar; Academia Brasileira de Letras, 2019). Seu livro *Aríete – poemas escolhidos* (Circuito, 2021) ganhou os Prêmios Ivan Junqueira, da Academia Carioca de Letras, e Jorge Fernandes, da União Brasileira de Escritores – Seção Rio de Janeiro.

Savary, Terêza Tenório e Adélia Prado. Em comum a todos esses e essas poetas, especialmente no caso de Ruy, há uma fidelidade à prática da poesia lírica por excelência, reflexiva e/ou amorosa.

Desse modo, este *A invenção da poesia e outros poemas* reafirma as características mais frequentes da poesia de Ruy Espinheira Filho: primeiramente, o lirismo memorialístico – como se disse, amoroso e/ou reflexivo –, vazado em versos medidos, rimados ou não, bem como em versos polimétricos (um dos traços mais fortes dessa poesia), brancos ou não, e, por fim, em versos livres (conquista tardia, mas fundamental no percurso do autor baiano), sem rimas, presentes, sobretudo, em poemas narrativos e interlocutórios. Acrescente-se a isso doses generosas de melancolia, misturadas ao que o poeta, tradutor e crítico Ivan Junqueira chamou, certa vez, quando escreveu sobre o segundo livro de Ruy, *Julgado do vento* (1979), de "ludismo da criança – o único ser capaz de brincar a sério". Assim, o eu lírico, já no primeiro poema deste livro, escrito em versos de redondilha maior, recupera, lírica e *inventivamente*, a sua infância, a qual foi marcada, desde cedo, pela *descoberta da poesia*: "É um Menino que desperta/ e o Mistério vem sonhando.// (...) // Que lhe disseram das Fadas?/ Existiam pequeninas./ E até um pouco maiores/ disfarçadas de Meninas...// Muitas as Faces de Tudo./ E esplendentes. Mas Destino/ é a mais bela e que sussurra/ suas Canções ao Menino// e com a Poesia vai/ num tom cálido e profundo/ embalando o que será/ mais um Poeta no Mundo...". Do menino poeta, "Passarinho voando", passa-se para o "Soneto do puro silêncio", o qual retoma uma das obsessões temáticas da poesia de Ruy, ainda que indiretamente ("Puro silêncio... Assim tão doce quanto/ aquela vida foi antes da hora"): a menina morta, "(...) branca branca,/ neste vestido branco,/ neste caixão tão branco que me dói nos olhos/ há tantos anos (...)" (cf. "A menina e o anjo", de *A cidade e os sonhos*, de 2003), relembrada, em 2015, no poema "Canção da menina morta", pertencente ao livro *Noite alta e outros poemas*: "Ali a menina/ à porta da igreja/ num esquife branco/ para que eu a veja// e jamais a esqueça (...)// (...) // E ali está, tão branca/ na branca saudade/ da vida, ante os meus/ dez anos de idade.". E agora, neste *A invenção da poesia*..., recriada em "Outro poema da menina morta": "Dela já falei/ algumas vezes.// Estava ali, pequenina, branca./ Num caixãozinho branco./ À porta da igreja branca./ Sob o toque triste do sino./ E eu, o que ia passando, o/ menino.// (...) E ela partiu em sua aragem./ E o menino em sua própria viagem.// Foi há uns setenta anos/ e ainda aqui vai o menino/ sob o badalar do sino./ Que ressoa cada vez mais forte,/ plangendo mistério,/ agora já sem nenhum mistério,/ da morte.".

Morte, melancolia e tristeza, *topoi* que atravessam fortemente toda a poesia de Ruy Espinheira Filho, desde o início de sua carreira, talvez tenham se originado a partir desse episódio dramático, ocorrido, como se viu, na infância do autor, que parece ter ficado marcado para sempre. Contudo, nos últimos anos, esses temas vêm se intensificando na obra de Ruy, principalmente a contar do livro *Sob o céu de Samarcanda* (2009). Posteriormente, com a publicação de *A casa dos nove pinheiros* (2012), *Noite alta e outros poemas* (2015), *Milênios e outros poemas* (2016), *Babilônia e outros poemas* (2017) e *Uma história do Paraíso e outros poemas* (2019), o tópico da morte, na poesia de Espinheira Filho, além de estar ligado à *morte alheia* – dos amigos e dos irmãos –, passou a contemplar, também, ainda mais, a *morte do próprio poeta*, numa espiral crescente, livro após livro. Nada se compara, porém, a esta nova coletânea: aqui, o poeta baiano assume de vez a sua própria condição de finitude, e a lamenta, melancolicamente, em diversas peças, num movimento que o aproxima da fase final de autores como Drummond, João Cabral, Ferreira Gullar e Ivan Junqueira. E, como no caso desses poetas, o resultado, literariamente, é de altíssima fatura. Que o digam alguns notáveis poemas, a exemplo de "Como nos versos de Homero", "Soneto da tarde obscura", "*Memento mori*", "A casa", "Soneto do vento", "Enquanto tarda o abismo", "Uma canção de saudades", "Soneto dos que se foram", "Uma canção de outono", ou dos dois belíssimos tercetos finais deste "Soneto da tarde obscura": "Vozes e sombras do que foi vivido/ e agora é só lamento do perdido,/ de quando tudo era tão doce e leve// e hoje anoitece como um rio sofrido/ em que se banha a frágil mão que escreve/ os sonhos de quem vai partir em breve.".

Mas Ruy sabe que, "afinal, somos todos feitos/ do mesmo pó// de estrelas" ("Iguais"), e que, mais importante do que aceitar a inevitabilidade da morte, é dirigir-se a ela e aprender a recebê-la: "(...) Não sabemos qual/ seja a tua natureza, e o que, afinal,/ aguarda-nos: amor? desesperança?// Quantas auroras em nós incendiaste?/ Quantos ocasos frios tu nos enviaste?/ Fui, aos poucos, buscando te entender.// E hoje, sim, bem consigo compreender –/ e te agradeço porque me ensinaste/ tantas maneiras belas de morrer" ("Soneto das lições").

"O contrário da morte se chama memória", afirmou o escritor e crítico literário Miguel Sanches Neto, ao escrever sobre a obra de Ruy Espinheira Filho. Não por acaso, Ruy, ao longo de sua caminhada, recebeu o epíteto de "poeta da memória". Porque a hesitação/tensão entre o vivido e o lembrado é o cerne da lírica do poeta baiano. Nesse sentido, sua poesia nasce dessa tensão de forças entre a *mneme* (recordação de algo que aparece involuntariamente na memória) e a *anamnese* (recordação como objeto de uma busca – a rememoração). Como um dos grandes intérpretes de Mnemósine – condição fundadora do poeta –, Ruy não ignora que recordar significa resgatar um momento originário e cobri-lo de eternidade. E assim ele o faz, em várias peças deste livro, na tentativa de registrar, com o máximo de arte possível, a emoção primeva em torno de um fato do passado, transmudada a cada novo poema, sempre elaborado com rigor construtivo (mais uma característica da poesia ruiana). Cito, a título de exemplo, ao menos dois poemas admiráveis, nessa linha: "Certa vez" e "O presente da lua e do sol". Ambos reelaboram, em versos brancos e livres, dois episódios da infância do autor (respectivamente, a descoberta da paixão e o espanto diante de um eclipse, configurando o "ludismo da criança", ao qual já me referi).

E é nesse aspecto, mais especificamente relacionado ao exercício de poemas narrativos e interlocutórios, escritos em versos sem rima e irregulares, quanto à métrica, que este *A invenção da poesia* inova, no tocante às obras anteriores de Espinheira Filho. Já disse que o verso livre foi uma conquista tardia, empreendida, aos poucos, pelo autor de *Morte secreta e poesia anterior*. Pois bem: há, no presente volume, uma profusão de poemas que contam histórias, reais ou não, à maneira do procedimento estilístico criado por Drummond, chamado pelo poeta itabirano de *"versiprosa"*. Esses textos, escritos, em sua maioria, sem rimas e em versos livres, começam a aparecer, a princípio timidamente, na obra de Ruy, a partir do paradigmático "O pai", poema narrativo-reflexivo, o qual foi publicado, pela primeira vez, no livro *A canção de Beatriz e outros poemas* (1990). Até então, havia somente o uso da polimetria (presente na poesia do autor, aliás, desde a sua obra de estreia), em versos rimados ou brancos. Com a edição de *Elegia de agosto e outros poemas* (2005), o uso do versilibrismo passou a se intensificar ainda mais, prosseguindo, crescentemente, até chegar à expressiva quantidade de poemas desta coletânea (quase duas dezenas), a exemplo de "Carneirinhos", "77", "Viagens", "Magos", "Iluminações", "O passarinho", "Roaz", "Sonhos", e do extraordinário "Anotações sobre almas ilustres" – este, o mais longo texto da presente obra, dividido em 26 partes e escrito em apenas dois dias, encerra este livro homenageando o cachorro Quincas Borba e a cadela Baleia, ambos, segundo Ruy, "personagens/ da mais alta literatura brasileira/ e dotados de espírito brilhante e comoventes". (v. *Quincas Borba*, de Machado de Assis, e *Vidas secas*, de Graciliano Ramos).

Por fim, lembro que a poesia ruiana, ao contrário do que pensa boa parte dos leitores e da crítica, não é absolutamente destituída de valores políticos e sociais. Nesse sentido, sugiro, urgentemente, a leitura de sete incontornáveis poemas: "Púrpura e diamância" (de seu primeiro livro), "A canção de Beatriz" (do volume homônimo) e "O que pensa um defensor de Canudos enquanto aguarda sua vez de ser degolado pelos soldados da República" (de *Elegia de agosto*), além dos "Quatro poemas destes dias obscuros", série, até então inédita, escrita no auge da pandemia e divulgada, pela primeira vez, nesta obra, que, além de tudo o que já se disse sobre ela, marca os 80 anos do autor, recém-completados.

Poeta do sonho e da utopia, Ruy Espinheira Filho, não obstante escreva poemas melancólicos e fale muito da morte, "(...) traça histórias encantadas/ (e inventa suaves caminhos por encostas escarpadas)./ Sim, luta, luta no peito, luta vasta como a vida/ (que sem este denso esforço estaria logo perdida)." ("Soneto cordial"). Enfim, faz poesia com o coração (daí o adjetivo cordial). Não por acaso, a palavra mais repetida, neste livro, é justamente a palavra *sonho*, no singular e no plural, pois "(...) o mundo em que vivemos/ é o mundo dos sonhos (...)", e o poeta sabe que, "quando falta iluminação ressurgem/ as estrelas". É assim que, poema após poema, livro após livro, Ruy Espinheira Filho vai se consolidando como um dos grandes nomes da poesia brasileira de todos os tempos.

I

A INVENÇÃO DA POESIA

Vai-se encantando na Vida
que em sua alma clareia
das Manhãs até as suaves
carícias da Lua Cheia.

É um Menino que desperta
e o Mistério vem sonhando.
Logo que entreabre os olhos
é um Passarinho voando.

Às vezes mais: uma Nuvem
em que se esconde um Dragão.
Ou Veleiro de Altos Ventos
navegando na Amplidão.

Sonha o Mar que lhe mostraram
num gesto amplo. O Mar. O Mar
que logo lembrou-lhe o céu.
O Mar de nunca acabar...

Que lhe disseram das Fadas?
Existiam pequeninas.
E até um pouco maiores
disfarçadas de Meninas...

Muitas as Faces de Tudo.
E esplendentes. Mas Destino
é a mais bela e que sussurra
suas Canções ao Menino

e com a Poesia vai
num tom cálido e profundo
embalando o que será
mais um Poeta no Mundo...

SONETO DO PURO SILÊNCIO

É muito puro este silêncio, tanto
quanto o teu riso que escutei outrora
em seus lampejos de luar e aurora
e que ficou em mim num suave espanto.

Puro silêncio... Assim tão doce quanto
aquela vida foi antes da hora
em que, também silêncio, foste embora
deixando a noite, o frio e o desencanto.

Tão puro este silêncio... E tua lembrança
de lua, de sol, de gestos de criança...
As tuas mãos, os teus olhos, nossas vidas...

Mas só memórias, que o tempo está morto,
como o riso tão claro. Como o porto
de que partiram minhas naus perdidas...

IGUAIS

(poema principalmente para crianças,
antes que seja tarde demais)

Não há diferenças.

Só as que inventa o homem,
quando se transforma em
lobisomem.

Não há diferenças.

De forma nenhuma
poderíamos tê-las.

Afinal, somos todos feitos
do mesmo pó

de estrelas.

PESADELO

> *...mi ritrovai per una selva oscura...*
>
> Dante Aliguieri: *Inferno* – Canto I

Havia por certo um caminho
saindo do pesadelo
nalgum daqueles lugares,
mas não conseguia vê-lo.
Assim, como poderia
romper a selva selvagem,
retornando, enfim, à luz
antes daquela Viagem?
Uma Viagem de horrores
anoitecendo a memória.
Ainda a sinto pulsar
no meu peito dolorido,
com pavor daquela história.
Ah, se as Três Damas Benditas
do Céu viessem me ajudar!

Não ajuda de coragem
para seguir, continuar,
mas na busca do melhor
recurso para escapar...
Primeiro, Nossa Senhora,
em seguida Santa Lúcia

e ao final Beatriz,
como ajudaram o Poeta
a prosseguir (o oposto
do que eu pedia, contrito:
tudo – menos ir avante!),
o aquilino Poeta

Ruy Espinheira Filho

sempre cheio de desditas
e de temores, arfante
diante do Desconhecido
que acabaria tornando
eterno o seu nome: Dante.

Oh! as Três Damas Benditas
do Céu! Belezas não há
como elas, creio que só
as três mulheres (que viu
o poeta Manuel Bandeira)
do Sabonete Araxá.
Fosse como fosse, vim
ao fim do meu pesadelo,
quase adentrando o Inferno
(logo eu, que jamais quis vê-lo!)
e deixando as esperanças
todas do lado de cá.
Sim, logo se ia esfumando
o pesadelo arrepiante
e eu bem certo: não, meu nome
jamais tinha sido Dante.

É, não sei se as Três vieram,
mas não afirmo que não.
É mais provável que sim,
pois que incólume eu saí
e acalmou-se o coração.

Que me perdoem as Três
Damas Benditas do Alto,
não podia fazer a Viagem
com que me acenaram, sou
somente um bicho do asfalto,

A INVENÇÃO DA POESIA | 25

que é só onde sabe que está,
embora adorando as Damas
lá do Céu, que é tão distante,
acima da história que há
e que nos fala de Dante
em sua longa Viagem,
maior do que a de Bandeira,
poeta também de coragem,
que bem louvou as mulheres
do Sabonete Araxá.

Perdoai-me, Santas Senhoras,
Maria, Lúcia, Beatriz.
Não sou digno de vós.
Sou apenas um homenzinho
procurando ser feliz
em seu humilde caminho,
longe do Mundo de Lá.

Seja como for, a minha
mais profunda gratidão.
Não ergo a voz tanto, tanto
que possa fugir de cá.
E nunca tive uma escada
que vá daqui para Lá.
Mas em vós eu pensarei,
Maria, Lúcia, Beatriz,
Damas Benditas do Céu,
toda vez que ajoelhar-me
e rezar às três mulheres,
igualmente sacrossantas,
do Sabonete Araxá.

SONETO CORDIAL

No sono, como em vigília, duramente ele trabalha
(seja em valsas com a Musa, seja em campos de batalha).
Duvida, como um qualquer – adulto, velho, criança
(porém no mais fundo da alma cultiva a sua esperança).

Na pele do papel branco, traça histórias encantadas
(e inventa suaves caminhos por encostas escarpadas).
Sim, luta, luta no peito, luta vasta como a vida
(que sem este denso esforço estaria logo perdida).

Vai de doce cordeirinho a tiranossauro louco
(e, vivendo a interrogá-lo, só percebo muito pouco).
Talvez nem mesmo perceba desse pouco coisa alguma

(em seus rumos nos perdemos, são mais veredas de
                                                [bruma).
Assim é... Mas sempre nobre, sempre amante coração
(que só ao relembrar teu nome fulgura de solidão...).

IMORTAIS

Nesta noite quieta
não pensas que os teus sonhos estarão um dia
mortos
como tantos impérios imortais e tantos
deuses.

Não os teus sonhos.

Olhando o céu podes vê-los,
belos como os criaste,
fulgurantes em todas as amplidões.

Para sempre.

Para sempre,
sempre,
sempre,
todo o sempre,
os teus sonhos.

A menos que sejas como
os impérios imortais
e os deuses.

O BAILE

À maneira de um tecido qualquer o tempo
se esgarça.

Já foi belo como um vestido de baile.

Aquele, por exemplo, que dorme
no guarda-roupas
e aos poucos se fez apenas sombra
nas sombras.

E ela pensa no esplendor do baile
e abre as mãos e colhe das sombras
o vestido.

E sente no corpo a valsa, brilhante e cálida

como as lágrimas que correm
no seu rosto.

COMO NOS VERSOS DE HOMERO

a Iacyr Anderson Freitas

Nesta noite fria de agosto,
eu abro sonhos e espero...

Enquanto ouço o mar mugindo
como nos versos de Homero.

É um vasto rebanho de ondas
das que não sei o que espero...

Ah, talvez o meu Destino...
Como nos versos de Homero.

Talvez... Bem, não sou aquele
que enfim retornou do fero

combate para a sua ilha,
como nos versos de Homero.

Aqui, ouvindo o mar imenso
mugindo, não desespero

de chegar a um bom Destino,
como nos versos de Homero.

Mas que Destino? De Glória?
Amor? Pode ser um mero

pobre anseio, nada grande
como nos versos de Homero.

Bem sei que os deuses nos ouvem,
quando é mesmo um sonho vero.

Mas, ao final, há o Destino...
Como nos versos de Homero...

O Destino... Aumenta o frio....
Nem sei bem mesmo o que quero...

E o mar ondeia, mugindo
como nos versos de Homero.

Alguém me aguarda tecendo,
em lento e triste bolero,

uma infinita mortalha
(como nos versos de Homero?).

Não, estou só divagando
no que sei, sim, que ainda espero:

bom Destino... E o mar mugindo
como nos versos de Homero...

Sim, creio que os deuses me ouvem,
já que não sou insincero,

mas bem acima está o Fado,
como nos versos de Homero...

Ondas, ventos... Ergo um brinde
às Moiras (não desespero),

diante do mar cor de vinho,
como nos versos de Homero.

CERTA VEZ

Certa vez escreveu um bilhete de amor.
Não tinha endereço. Que o guiasse o imponderável.
Escreveu-o com emoção e o confiou ao vento da rua.

Era um fim de tarde. O bilhete voou
ladeira abaixo.
Uma menina que brincava
pegou no ar o papel e o leu
e riu e o mostrou às amigas
que o leram e riram.
E a menina que pegara o papel o devolveu
ao vento.

E ele sentiu o coração fugir. E com ele fugiu.
Recuou casa adentro. Protegeu-se no quarto.
E queria se esquecer
ser outro
outro qualquer.

Como as nuvens. Que nunca são as mesmas.
Sempre se tecendo e destecendo
sem memórias de si.

NA QUIETUDE DA NOITE

Na quietude da noite,
pensamento aqui e além,

eu vou bebendo o meu vinho
(dizem que o vinho faz bem).

Vou meditando naquilo
que da memória me vem

como em ondas de alegrias
e de tristezas também.

Tristezas... Que, com suas perdas
nos obscurecem... Mas quem

em sua vida jamais sofre
dessas trevas? Ah, ninguém.

Sinto: a quietude da noite
quietude já não mais tem.

Tomo um gole mais profundo
(dizem que o vinho faz bem).

Sim, porque ao pensar na vida
um tanto de mal nos vem.

Que assim são todas as vidas.
Dizem que esquecer faz bem...

O que é absurdo tremendo,
porque, sem memória, quem

pode ter alguma vida?
Não, ninguém, ninguém, ninguém.

E sigo pensando aqui:
se nós sofremos por quem

perdemos, outras lembranças
lembram-se de nós também.

Como se lembram de mim,
vindo de há pouco e também

de longe. E bebo outro gole
(dizem que o vinho faz bem).

Respiro recordações
de tudo o que veio ou vem

do imponderável das horas
que chamam de hoje e de além

no tempo... A memória dança,
como carícia me vem.

Eu brindo a ela e eis que o vinho
me faz cada vez mais bem...

CANÇÃO DE UM MISTÉRIO

Um mistério sempre
sem solução
no ferido coração:

poder o amor,

faz pouco eterno
em seu calor,
logo dobrar,

sem avisar

(deixando apenas
vazio profundo),
a fria esquina

do fim do mundo.

SONETO DE UMA CANÇÃO

Queria um canto nesta tarde muda,
feita de frio, saudades, solidão.
De preferência, sim, uma canção
desesperada como a de Neruda.

E tantas que escutamos e cantamos
e vivemos... Que são a nossa lida
de desespero e amor entretecida
enquanto vamos no que nos sonhamos.

Pois que de sonho é feito, bem sabemos,
o tempo em que nos pulsa o coração
do sol da infância até uma tarde muda.

Tarde em que, enfim chegando, percebemos
que a vida pode ser uma canção
desesperada como a de Neruda.

SONHO DE UMA VISITA

De repente vi você,
que veio como eu lhe via

quarenta anos atrás,
trazendo a mesma alegria,

apesar da desconfiança,
do ceticismo habitual

do meu espírito: como
pode ser isso, afinal?

Quarenta anos passados
e nem a marca mais leve

nos seus gestos, nos seus olhos,
nas suas faces de neve.

Desacreditei de mim:
alucinação da idade?

Fechei os olhos e os abri:
você ali, sem piedade,

olhando-me como olhava,
do jeito de antigamente.

Mas, agora? Me senti
confuso, talvez demente.

Sim, de repente você
como era, em pleno dia,

mas banhada pela Lua
(um fantasma de poesia?).

E você se aproximou.
Esperei, emocionado,

pelo seu beijo de sempre,
de coração tumultuado.

Pelo seu beijo de sempre...
Mas não foi há quarenta anos?

Se foi, sou eu o fantasma
envolto em rede de enganos.

E então você ia ficando,
não mais partia de repente.

(Partir: esse dom cruel...
Ainda bem que agora ausente.)

E ia ficando você,
na mesma doce alegria.

(Luminoso como aquele,
já há muito eu não via um dia!)

E eu lhe beijava, apagando
todas as lembranças más,

para não despertar como
quarenta anos atrás...

38 | *Ruy Espinheira Filho*

UM RIO

Aquele, que nunca existiu,
rio
da minha infância.
Mas que, por entre jovens flores
de sonhos e esperanças, em mim
fluiu.

Que nunca correu lá fora, como nunca se foi
embora.
Mas em mim fluiu,
sem fráguas,
em claras e longas e profundas
águas.

Em seu murmúrio me contemplo
e a ele vos convido pais, irmãos, filhos,
amores, amigos.
A esse rio nascido em mim na infância
e que ainda flui,
em claras e longas e profundas
águas,
bem antes daquele
em que me banhei depois por entre
desgastadas pétalas de sonhos e esperanças,
com suas nevoentas e profundas
mágoas.

OUTRO POEMA DA MENINA MORTA

Dela já falei
algumas vezes.

Estava ali, pequenina, branca.
Num caixãozinho branco.
À porta da igreja branca.
Sob o toque triste do sino.
E eu, o que ia passando, o
menino.

Ia passando e parou.
Ela era mais uma boneca e aquilo
como festa de criança,
um presépio natalino
que jamais se apagaria
da lembrança do menino.
Ele tudo ainda vê e lhe ressoam,
sempre, as badaladas
do sino.

E então o humilde cortejo se moveu
e uma luz nova desceu na praça
sobre a menina que ia, partia,
como doce aragem,
no rumo de sua última
viagem.

O coração do menino batia, batia,
ante o mistério
da morte.
Que, lhe haviam dito,
era só uma ida a uma

Ruy Espinheira Filho

muito mais feliz e purificada
vida.
Apenas seria mera passagem.
Porque todos depois se reencontrariam
e voariam com os anjos num ar
luminoso e suave
como o luar.

E ela partiu em sua aragem.
E o menino em sua própria viagem.

Foi há uns setenta anos
e ainda aqui vai o menino
sob o badalar do sino.
Que ressoa cada vez mais forte,
plangendo o mistério,
agora já sem nenhum mistério,
da morte.

ANTIGA E INGÊNUA CANÇÃO

Vieram alguns pensamentos
quando então surgiu você.

Não sei de onde, nem sei quando,
e nem ao menos por quê.

Só uns vagos sentimentos
em que vogava você

quando a brisa soluçava
e eu perguntava por quê.

E então rodamos nas eras,
eu sonhando com você.

Pensamentos, sentimentos...
Só hoje minha alma vê

com clareza o que um dia
eu não sabia por quê.

E agora é um velho poema
em que o Tempo me lê

embalando para sempre
a saudade de você...

SONETO DA TARDE OBSCURA

Regressa a tarde com seu jeito obscuro
de ser. Se sopra um vento, é vento impuro
que traz, num rio sofrido, suas histórias,
como eternos fantasmas de memórias.

Memórias... Que fazer? São mesmo suas,
mas como sóis extintos, mortas luas
que, no entanto, destilam, quase em calma,
despojos desde o abismo de sua alma.

Vozes e sombras do que foi vivido
e agora é só lamento do perdido,
de quando tudo era tão doce e leve

e hoje anoitece como um rio sofrido
em que se banha a frágil mão que escreve
os sonhos de quem vai partir em breve.

MEMENTO MORI

Quando falta iluminação ressurgem
as estrelas.
Que eu via na infância, pois era precária
a luz elétrica,
muitas vezes nenhuma.

As estrelas. Hoje também faltou luz
e elas retornaram.
Algumas talvez já mortas, mas cintilando
em suspiros finais.

(Dessa maneira desejaríamos as nossas almas.
Assim sonhamos:
luzes de estrelas para sempre, sempre.
Como não são as luzes das estrelas,
que um dia também se apagarão.
Muito depois de findas as suas origens
se apagarão.

Como os nossos sonhos,
quando não pudermos mais ver estrelas
em nossa mais densa e final
escuridão.)

SONHO E ESPELHO

Esta noite sonhei com você.
Às vezes acontece, apesar do tempo
que passou.

Sonho. Acordo. Olho-me no espelho.
No sonho você era a mesma. A mesma,
apesar do tempo que passou.
Mas eu, no espelho, sou outro, outro,
um em quem o tempo muito, muito
passou.

Mas que não passou no sonho,
onde você era a mesma.
Onde você é sempre a mesma, a mesma,
antes de todo o longo e vasto tempo
que no espelho tanto
passou, passou, passou...

CARNEIRINHOS

Pararam na estrada para um lanche.
A menina viu o carneirinho.
Pequenininho, branquinho.
Tão bonitinho.
E então disse à mãe e ao pai
que queria o carneirinho.
A mãe respondeu que não poderiam ter
um carneirinho no apartamento
pequenininho. A menina disse
que pequenininho era o carneirinho.
E a mãe: o carneirinho iria crescer e se transformar
num carneirão. A menina sugeriu
que se mudassem para um apartamento maior.
A mãe respondeu que não tinham dinheiro,
mas que poderia ser um gatinho.
A menina perguntou se havia um gatinho
igual ao carneirinho.
Não, não havia.
Carneiro é carneiro, gato é gato.
A menina fez cara de desgosto.
Mas você pode ter um gatinho
branco como o carneirinho.
O desgosto permaneceu.
O pai filosofou
que não se pode ter tudo,
a vida é assim. A menina
decididamente
desgostava da vida.

Terminaram o lanche e voltaram ao carro,
que logo avançava pela estrada.
E pai e mãe se lembraram

Ruy Espinheira Filho

de que um dia também quiseram
um carneirinho. Não propriamente
um carneirinho, mas outro amor
qualquer. Todos levavam consigo
esse sentimento, como
um carneirinho perdido...
Mas eram histórias muito longas e complexas,
que a menina não entenderia.
E os pais também não queriam saber
de contá-las ou ouvi-las. Eram delicadas
joias íntimas.

E o carro seguia.
Cada um levando em si um carneirinho
impossível.
Nos adultos, um sentimento de muitos anos,
mas vivo e bonito, sim,
como um carneirinho.
E tentavam se consolar, os dois, pensando
que um dia a menina iria se conformar
com a perda do carneirinho
e não sofreria mais.

Assim pensavam eles,
tanto e tanto já vividos.

Eles,
que não se conformavam nem se conformariam
jamais.

77

Ao completar 77 anos
(idade a que chegaria Anna Akhmátova,
não lhe tivessem faltado três meses
e alguns dias),
ainda não posso dizer que sei
(e ela seguramente soube
de si)
o que estou fazendo no mundo.
Nem por que vim parar
aqui.

Alguma coisa sei, sim,
da vida,
que se acumula em ruínas e poeira
(insignificantes antes os horrores
de Anna),
mas onde há, também,
certas presenças cálidas
e luminosas.

Aos 77 anos
sei algumas poucas coisas de mim,
porém tenho dúvidas do que sei,
se é que sei.

Desta forma, acho melhor
que nada me perguntem,
pois eu mesmo prefiro não me perguntar.
Talvez o que eu saiba seja apenas
que chego aos 77 anos
segundo o calendário.
No qual acredito,
mas apenas como calendário,

que me assegura tanto tempo ter passado,
embora nada esclareça dessa já bem longa
passagem.

Aos 77 anos
como nunca esperei,
pois achava que partiria jovem,
jovem,
liricamente jovem,
como um poeta romântico.

Aos 77 anos
quase nada sabendo, mas digo
tudo bem,
vou levando,
embora não saiba
o que estou fazendo
aqui.
Como, repito, a poeta sabia,
o que lhe deu forças para continuar a escrever
poemas, memorizando-os
(como fez Nadejda com os do seu marido,
Óssip Mandelstam,
que morreu em 1938,
num campo de concentração,
com as faculdades físicas e mentais destroçadas,
e logo, em 1941, a poeta tão querida
Marina Tsvetáieva
suicidando-se,
com a marido a caminho da pena máxima
e a filha – a primeira já morrera, menina, de inanição,
num internato do paraíso de Stálin –
condenada a oito anos de trabalhos forçados)
e os queimando, Anna,
poema a poema,

A INVENÇÃO DA POESIA | 49

devido aos espiões do Estado Soviético,
e pedindo a amigas que também os memorizassem,
para que lhe sobrevivessem
e àqueles tempos de tantas maneiras
hediondos.

Enfim, assim é.
Portanto, já disse, nada me perguntem.
Apenas brindem a mim e a Anna,
principalmente a Anna,
por termos,
apesar dos pesares,
chegado tão longe.

Quanto ao futuro,
menos ainda sei,
só espero que estejam me aguardando,
além do tempo,
certas presenças cálidas
e luminosas.

Como as que me ampararam com sua ternura
na caminhada
desde antes do meu primeiro passo.

Como da estirpe de Anna,
com seu perfil augusto
e nos ombros o xale negro
que já não refletirá os tempos de trevas,
os infernos em que eram lançados aqueles a quem amava,
como também seus sonhos.
Os infernos
que lhe permaneciam ardendo
na alma.

Ruy Espinheira Filho

Ela que será,
como sempre foi,
Anna Akhmátova,
que estará comigo,
que estará conosco,
com sua poesia corajosa
e doce,
cálida e luminosa,
eternamente.

LEMBRANÇAS

Hoje despertei com a tua lembrança.

Não como a de certa mulher que Bento,
o santo,
recebeu e a considerou como ressuscitada
por espírito maligno.

Assim, não arranquei, como ele,
as roupas,
nem me lancei em moitas de urtigas
e espinhos,
revolvendo-me até que minhas carnes ficassem
laceradas.

Não.

Com a tua lembrança,
nesta manhã fui eu
o ressuscitado,
comovido numa brisa cálida de
juventude.

LIRISMO

Sim, às vezes não sei o que pensar.
Nem o que dizer.
Ou fazer.

Às vezes
tudo me parece não mais do que
inexistência.

Menos o lirismo
impiedoso
de tua ausência.

SONETO DA TARDE EM CHAMAS

Destas nuvens da tarde me derramas
a tua lembrança num tempo de chamas
de amor, amor, amor e solidões,
com canções de esperança, essas canções

de ilhas iluminadas de paixões,
talvez as venturosas, mas me inflamas,
depois, de intensa dor, pois não me amas...
E há apenas nesse mar desilusões.

Assim a tarde traz dessas histórias,
tantas memórias que me desencantam,
em que vagueio por caminhos tortos.

Não, nesta tarde os pássaros não cantam.
Só escuto as vozes, em longínquos portos,
das frias sombras dos meus sonhos mortos.

VIAGENS

> *... a casa limpa,*
> *A mesa posta,*
> *Com cada coisa em seu lugar.*
>
> Manuel Bandeira: "Consoada"

O aborrecimento aumentando dia a dia.
Saudades da casa
como fora noutros tempos.
Cada vez maior saudade
das paredes lisas e limpas,
do cháo reluzente,
das janelas firmes e translúcidas,
do teto sem goteiras,
da eletricidade que já recebera impiedoso
diagnóstico de um técnico,
dos móveis quando novos, sobretudo
da cadeira de balanço que punha na varanda
para ver o pôr do sol
e que agora estava inútil e atirada
náo sabia onde.

Então resolveu
trocar de casa.
Começou pela eletricidade,
depois pintura,
reforma do telhado,
recuperação ou substituição das janelas.
Mas trocar de casa significava também
trocar os móveis,
o que ela fizera (inclusive
os armários dos quartos)
distribuindo-os ente vizinhos,
o fogão dado à mulher

que administrava a cozinha,
a geladeira à recém-casada
responsável pelas vassouras,
panos de limpeza, arrumação geral.
Os velhos talheres, xícaras e pratos
sumiram,
surgindo em seu lugar
peças imaculadas.
Filhos e netos comentavam com espanto.
Ela abanava a cabeça
e sorria.

Foram dias e dias de incômodo,
mas também de alegria.
A poupança fora reduzida
a quase nada,
mas mudara-se de casa.
Vários anos haviam fluído
na contracorrente do tempo,
levando-a na viagem que sonhara:
para o que vivera.

Sim, uma viagem mágica,
pensava ela agora
sentada na nova cadeira de balanço,
quase tão confortável quanto a antiga,
e olhando o pôr do sol.
Que se coloria, se fazia rubro,
recebendo o grande corpo rútilo.
Que descia, descia
no horizonte,
entre vastas tapeçarias
de nuvens.

E ela se sentia feliz,
prelibando o chá que tomaria à noite,
daqui a pouco,
do qual já podia sentir o perfume subindo
em fumo caricioso.
Sim, valera a pena, sempre valia
sacrificar-se por uma vida melhor.

Bela, grande viagem.
E então o sol já mergulhava no horizonte.
E ela sentia uma leveza agradável
na alma.
E sorriu.
E cerrou suavemente os olhos.
Suavemente.
E
não despertou nunca mais.

O BRINDE LUMINOSO

*... o Mal existe. Mas o Espírito do Homem
também existe. (...) O Espírito do Homem é
universal e aspira à plenitude e à graça, tem
como causa comum a todas as suas consciên-
cias essa aspiração, que se traduz na paz final
de existir sem que se veja a existência, existir
como essência, só existir, porque o Espírito do
Homem anseia a perfeição, que é o Bem. (...)
Viva o povo brasileiro, viva nós! (...) e de re-
pente soprou como quem sopra a fumaça de
um cigarro e não se mexeu mais.*

> General Patrício Macário, no dia de seus
> cem anos e último de sua vida.

> Estância Hidromineral de Itaparica,
> 10 de março de 1939.

Oito anos já de tua morte, João.
No entanto, como continuas vivo.
Estamos juntos com frequência, no sono ou na vigília,
desde que nos encontramos pela primeira vez,
em 1971,
quando autografaste para mim *Sargento Getúlio*,
com estas palavras:
*Para Ruy Espinheira Filho,
um velho amigo nunca antes visto,*
porque às vezes nos provocávamos mutuamente,
com afetuoso humor,
no jornal em que éramos cronistas do cotidiano.
Sim, autógrafo no poderoso livro
sobre Getúlio Santos Bezerra,
cujo nome era um verso,

aquele que brigava melhor, sangrava melhor e tinha
quatorze balas no corpo.

Oito anos. Mas como continuas vivo.
Vejo-te com o sargento num rumo de morte,
com o caboco Capiroba capturando caças
para almoços e jantares,
já enjoado ele, Capiroba,
de corpos de padres intoxicados de superstições,
preferindo os invasores holandeses,
de carne mais limpa e macia.
Apresentando-nos Maria da Fé,
alta e bela mulata de olhos verdes,
filha de jovem estuprada
por sádico senhor de escravos,
que seria depois envenenado aos poucos
por uma escrava, Merinha, a mando de escravos
que sonhavam com a liberdade.
Para o inferno, pois, com
Perilo Ambrósio Góes Farinha,
barão de Pirapuama,
que fosse arder finalmente
nas chamas eternas.

Maria da Fé.
Criada com cuidados e estudos pelo Nego Leléu.
Fazendo suas leituras e sonhando,
com vontade de conhecer o mundo,
o que preocupava Leléu, que era como seu avô
e sabia do mundo como ninguém.
Ele até a animou a se tornar professora, ela gostou,
ele começou a mandar construir a escola
e a comprar o material necessário
à mestra e aos alunos.

A INVENÇÃO DA POESIA | 59

Mas eis que, num caminho,
deram Maria e a mãe, Daê, pescadora famosa,
com quatro sujeitos brancos
que, porque eram negras,
foram logo partindo para a estupidez,
inclusive ameaçando a menina,
quando a mãe pegou um porrete e partiu
para o enfrentamento,
sendo apunhalada várias vezes.
Então partiram eles, deixando Maria da Fé
ao lado da mãe trucidada,
como foi encontrada depois,
já não mais a menina que há pouco era.

Sim, a menina Maria da Fé
nunca mais a mesma.
E o tempo passando, passando.
Certa vez tremeu tanto, numa festa de São João,
que o Nego Leléu correu
perguntando se estava sentindo alguma coisa,
e ela então apontou, transtornada,
para quatro que estavam bebendo junto à fogueira
e, à pergunta do avô, respondeu
que sim, eram eles.

O Nego Leléu, deixou-a protegida no quarto,
com pessoas para cuidados,
tirou a fantasia da festa,
armou-se com o necessário e esperou
que os criminosos ficassem bêbados e fossem embora.
Depois os seguiu.
Eles pegaram o barco, iam partir,
mas Leléu sabia por onde teriam que passar
e que poderia adiantar-se a eles por terra.

E se foi, veloz.
E, quando viu vindo a vela,
pegou uma canoa, furou-lhe o fundo,
saiu fingindo que estava se afogando,
pediu socorro.
Os sujeitos pararam o barco
e, entre deboches,
permitiram que ele subisse,
perguntando-lhe se sabia navegar.
Claro que o Nego Leléu sabia,
sabia demais, demais.
Passaram-lhe então o comando e, bêbados como estavam,
acabaram adormecendo.
E o Nego Leléu se foi silenciosamente e,
um por um, degolou os quatro.
Depois desceu ao fundo do barco e abriu
uma boa passagem para a água.
O lugar era perfeito. Demais também ele sabia
que o afundado naquele canal
não era encontrado nunca.
E ele cortou a carangueja da vela grande,
despencando-a de uma vez
e nadou para a praia, ficando a olhar o barco
que cada vez mais depressa ia descendo para o fundo,
onde jamais o achariam,
como jamais haviam achado nenhum dos outros
que haviam afundado ali, na lama espessa,
quarenta braças abaixo daquela água lisa
como uma lâmina.

Mas Maria da Fé era outra, muito outra
e continuava mudando. Mesmo depois que soube
do final dos assassinos
não voltou a se alegrar.
E passou a sair para encontros misteriosos.

Até que um dia comunicou ao avô que tinha
o que fazer pelo mundo.
E ele, embora arrasado, compreendeu.
E ela se foi.

Vamos reencontrá-la lutando contra o exército,
algum tempo depois.
Muito bonita, muito alta, de olhos verdes,
comandando a todos.
E virando lenda.
Encontrando finalmente o homem de sua vida,
Patrício Macário, a quem,
mesmo sofrendo, explicou que não poderiam ficar juntos
como pessoas normais. Ele, branco; ela, mulata.
E que também havia um destino
a ser cumprido.
E se foi,
deixando uma carta que Patrício Macário
nunca mostrou a ninguém.

Maria da Fé, cada vez mais a lenda.
Depois em plena guerra de Canudos,
contra os soldados da República,
que queria impor a política dos latifundiários,
de religiosos medievais,
dos militares,
de todos os que tiraram do poder Dom Pedro II,
figura humana melhor do que todos eles juntos.
Mas também não estavam, ela e os sertanejos,
lutando pelo imperador deposto,
porém pela vida e a dignidade do povo.
Sim, lá estava, alta e bela,
com seus verdes olhos de ver um futuro
belo, justo, generoso.

Muitos e muitos anos depois
Patrício Macário saberia
que ela saíra sozinha num barco
e ambos sumiram no mar.
E receberia ele, ao fim de tudo,
como presentes de despedida,
confiados à guarda de amigos e
do filho de Maria,
que também era filho dele, Patrício Macário,
filho de quem ele jamais soubera,
a arma chamada araçanga,
o esporão de arraia e a peixeira
que estavam com Nego Leléu
quando afundou para sempre os quatro assassinos.
E, principalmente, recebeu o vidro azul,
de tampa lacrada,
cheio das lágrimas que ela chorara
com a separação.

Cheio das lágrimas...

Vivos como nunca, João, você e sua gente.
A nossa gente, que ainda precisa continuar
na luta.
E eis que, no brinde luminoso
que será sempre a nossa saudação maior
e imortal,
junto a minha voz à de Maria da Fé
e à sua,
João Ubaldo Ribeiro:

VIVA O POVO BRASILEIRO!

DE MANHÃ E MEMÓRIA

Através da porta de vidro ele observa
o baile dos galhos e das folhas ao vento
e à chuva.

Já ventou ainda mais e choveu muito
pouco antes do amanhecer.
Grandes gotas bateram fortemente
nas paredes e nas janelas
principalmente no teto do quarto
de telha-vã.

Na manhã prosseguem o vento e a chuva.
Não há passarinhos nem pássaros.
Muito menos as procelárias
que ele encontrou nos poetas românticos
mesmo porque não há procelas
como as que se abrem em outras partes do mundo
(e aliás há muito não se encontra
a palavra procela
nem falada nem escrita
sim
as palavras também envelhecem
e morrem...).

Através da porta de vidro
o mundo para ele
nesse instante.

Mas eis que vem a memória
e o leva para longe
para longes
(mais e mais constante
a velha companheira).

E o vento e a chuva se desfazem
nas lembranças do senhor
e a porta de vidro se perde num futuro
há pouco o presente.

Porque agora ele viaja
(levado pela velha companheira
como cada vez mais
e mais
e mais)
buscando seus próprios despojos
comovidos
entre as ruínas do tempo.

FAMÍLIA

Pai, mãe, irmãos, amigos.
Família.
Avós mortos, pai morto, mãe morta,
três irmãos mortos,
mortos muitos amigos.

Três horas da madrugada
e eles estão aqui.
Comigo fitam o relógio sobre a mesinha
e ouvem a chuva cair.

Família.
Todos presentes,
inclusive o vasto tamarindeiro do quintal,
também entre os mortos
como aqueles cães e gatos e passarinhos
e as paredes da primeira casa.

Família.
Creio que não dormirei
esta noite.
O inverno está a caminho.
E até lá e além seguirei
conversando com todos.

Seguirei. Enquanto nos contemplar
esse relógio,
imóvel
para sempre
nas três horas
infinitas
da madrugada.

CONTO DE PRIMAVERA

Ela deixara as crianças dormindo e,
em sua cadeira de balanço,
tinha um ar sonhador.

A poucos metros,
na poltrona preferida,
ele lia, com grave atenção,
um volume de muitas páginas.
Isto até que sentiu
como que uma brisa suave
e desviou o olhar para a que
se embalava na cadeira,
mais uma vez constatando que ficava
a cada dia mais bonita.

E então, como se sentisse
uma carícia muito leve,
como a mais leve brisa,
ela suspendeu o embalo,
olhando para ele.

E sorriram.

UM RIO E OUTROS

Na infância, para ver um rio,
tinha que ir mais longe.
Onde eu estava havia um açude,
mas nada de rio.

Recordo o riacho em que me banhei numa fazenda.
Depois, na adolescência, noutra fazenda,
banhos diários num rio de humor inquietante.
Mas o rio preferido, também na adolescência,
era o Rio de Contas,
com suas areias muito brancas
e que tanto me entristeceu quando o revi,
anos depois,
como um fantasma obscuro,
de águas quase paradas,
trucidado por uma barragem.

Depois vi outros rios,
como o Tejo,
que não era o rio que corria
na aldeia de Fernando Pessoa
e no qual houve e ainda há grandes navegações
e, para aqueles que veem tudo
o que lá não está,
a memória das naus.

Sim, acabei conhecendo belos rios
e em alguns até me banhei.
Mas a grande presença é mesmo
a do rio da infância.
Que nunca houve, mas ficou em mim,
como no poeta ficou o rio da sua aldeia,

que nunca existiu, como jamais existiu
a sua aldeia,
e que, porque jamais existiram,
ficaram para sempre.

Assim,
o mais belo e amplo de todos,
o rio da infância.
Em que tanto naveguei e me contemplo
na magnífica permanência
das naus,
que seguirão navegando enquanto
eu navegar
em mim.

ARTE, UMA LIÇÃO

Da Vinci sonhava a perfeição,
mas sempre a buscou em vão.
A ele a arte se prometia
e não se cumpria
como ele desejava
no coração.
E quando isto ele percebia
os pincéis recolhia,
vestia a túnica cor-de-rosa
e partia.

Era o artista da obra inconcluída,
para quem, diziam, a arte fazia
cara feia.
Não terminando nunca, talvez nem mesmo
A Última Ceia.

Não terminando nunca... Mas como poderia
finalizar um sonho que lhe fugia?
Assim, já que ele não se dava,
o abandonava.

Nos últimos tempos levou consigo apenas
três peças inacabadas
para ainda nelas trabalhar:
A Virgem e o Menino com Santa Ana,
São João Batista e,
com um sorriso misterioso,
de sugestão imprecisa,
a sempre apaixonante
Mona Lisa.

Com estas eleitas companhias,
encerrou os seus dias.
Mas não a arte, que a ela
sempre haverá de faltar
um *sfumato* dorido,
uma vaga luz comovida,
ou certas inseduzíveis pinceladas
geniais.

Porque a arte,
como a quimera da vida,
não pode ser concluída
jamais.

SONETO DO TEMPO

O tempo passou em nós.
Que nos canta esta canção?
Horas idas e guardadas
no punho do coração.

O tempo passou em nós
abrindo abissal distância
entre este ocaso que vemos
e as vastas luzes da infância.

E então se vai concluir
a história. E estaremos sós
ao se findar a canção.

E nada mais pulsará
(que o tempo passou em nós)
no punho do coração.

TRANÇAS

Ela veio
com longas tranças quase rubras como
as nuvens do poente
um sorriso leve
numa destemida
timidez.

E passaria por ele
passaria
apenas passaria
na tarde.

Mas não passou
porque não passou a tarde
em que ela caminhava.

E continuam ambas
aqui
no menino
diante da noite que não desce
nunca
naquele horizonte de longas tranças
quase rubras.

SONETO DOS ENGANOS

Havia uma ternura em seu olhar,
naquela tarde? Ou outro dos enganos
com que ele viveu tanto ao longo de anos
desses olhares? Tempo de chorar,

que foi. Mas se houve mágoas, houve luar
e sol. E houve esperanças sobre os danos
da paixão, que morria em desenganos
mas retornava sempre, como o mar.

Aquele olhar. Foi só por um momento,
e não havia mais um pensamento
cálido, suave, pois que então, insanos,

eis que se abriam tempos de lembrar
quando ele, à ardente luz daquele olhar,
sem engano nenhum amou enganos...

UM MOVIMENTO

a Rodrigo Lacerda

Marina Tsvetáieva escreveu que o tempo corre,
mas não corre para lugar nenhum,
só corre porque corre,
corre para correr, que seu correr é o fim
em si mesmo ou então,
o que ainda é pior,
um correr para fora de si mesmo,
de si, da ferida, do rasgo
para o qual tudo escorre...

E então fico aqui, neste começo de noite,
pensando no correr do tempo.
Em que na verdade sempre pensei,
desde a infância,
mas sem esta riqueza de palavras.

O tempo, que castiga o ser humano
desde que ele o percebeu.
E do qual escaparam as outras formas de vida,
que vivem numa bem menos dramática
dimensão.

Tudo passa com o tempo,
tudo corre com o tempo,
mas somente nós o interrogamos
em espanto e temor.
E então pensamos que podemos decifrá-lo,
ou ao menos iludi-lo,
o que nos leva aos mais assombrosos demônios
e às mais cintilantes mitologias.

A INVENÇÃO DA POESIA | 75

E não compreendemos.
E não pensamos que não há o que compreender.
Não aceitamos.
E mergulhamos na imaginação redentora.
E de lá, se emergirmos,
continuaremos perplexos
e doloridos.

Há milênios meditamos sobre esse mistério.
E assim vamos nós no tempo que corre
e deixa escombros de tudo em nossa memória.
Escombros e escombros e escombros
do perdido,
que nos acompanharão até o rasgo
para o qual tudo escorre
no rumo de, como já foi dito,
lugar nenhum.

SONETO DE UM OCASO

Depois de tanto tempo, à lua morta
a sensação de que mais nada importa.
Na verdade, de que não há mais nada,
lembrando a vida uma porta fechada.

Em que momento se fechou a porta?
Esperança nenhuma na alma aporta?
E esta velha memória tão cansada...
Logo por certo vai ser apagada...

Mas eis que lhe vem uma cintilância
se abrindo ao longe, nos azuis da infância...
E ele então vê que nada se perdeu,

que bem pode partir na lua morta,
pois a vida está nele, aberta a porta.
E, sonhando consigo, adormeceu...

ESSA TERRA

...dançando a coreografia da hora que passa.

Franz Kafka

Voltar a essa terra... Como voltar a essa terra?
Só se os amigos e amadas também voltassem.
Mas não voltarão.
Nem pai, nem mãe, nem os irmãos.

Nem ele poderá voltar,
mesmo que vença todos os quilômetros,
o que seria um falso retorno,
pois não poderia fazer recuar os tantos giros
da Lua ao Planeta
e do Planeta ao Sol.

Essa terra, afinal, onde ficou?
Ele bem sabe: ali, naquele quando
para onde jamais poderá
voltar.
E também, sem dúvida, na memória,
onde essa terra sempre estará,
como, especialmente,
um lugar belo e luminoso para
chorar.

SONETO DAS LIÇÕES

Com a brisa comparo a tua lembrança.
Às vezes, pois também com temporal
noutras memórias. Entre o bem e o mal
iluminas o céu, antes da dança

implacável que apaga o dia que avança,
instala a noite. Não sabemos qual
seja a tua natureza, e o que, afinal,
aguarda-nos: amor? desesperança?

Quantas auroras em nós incendiaste?
Quantos ocasos frios tu nos enviaste?
Fui, aos poucos, buscando te entender.

E hoje, sim, bem consigo compreender
– e te agradeço porque me ensinaste
tantas maneiras belas de morrer.

NOITES

Caminho nesta noite
como se caminhasse por todas as noites,
porque vocês estão pensando
em mim.

Vocês que partiram, às vezes
sem aviso algum,
como se não estivessem pensando
em mim.

Mas só por um instante, porque depois
sempre estiveram pensando em mim.
Por isso assim caminho nesta noite
como por todas as noites,
denso de todas as nossas noites,
pois vocês estão pensando
em mim.

Vocês
já numa noite maior, muito maior,
para onde estou caminhando,
há muito tempo,
pensando em vocês que estão pensando
em mim.

SONETO DAS PERGUNTAS OU DAS VIDAS

A tua lembrança como um sol descendo
para o ocaso, porém ainda fazendo
a praça cintilar, e então, assim,
tu caminhas risonha para mim.

Houve tarde como esta ou vou tecendo
pura ilusão? Vai-se desvanecendo,
deixando-me, a memória, então, por fim,
ela que sempre foi vasta, sem fim?

Só miragem reinando nesta tarde,
com sol que desce lento e que ainda arde
e o teu sorriso traz como um diamante?

O sonho? O real? São eles nossas vidas...
E algumas bem merecem ser vividas
às luzes de um sorriso flamejante!

ILUMINAÇÕES

a Cristiane Mateus,
com seu amor aos livros.

Esta é uma sala iluminada,
mas com áreas obscuras,
o que também é bom,
pois igualmente nos iluminam sobre as obscuridades
dos homens.

Porque tudo está escrito.
E seguidamente reescrito,
segundo a doçura ou tempestade dos que escrevem
depois e depois e ainda,
refletindo nossas virtudes
e horrores.
Acariciando, encantando ou ferindo,
contam de nós mesmos
nesta sala de milhares de volumes
e nas tantas outras de milhões e milhões,
para onde viajou a humanidade
com as primitivas buscas do canto,
as primeiras palavras escandidas,
as rochas riscadas
e as pinturas das cavernas,
desde muito antes de se contar
a história de Gilgamesh,
que viu o abismo e o fundamento da terra
e ensinou o que era antes do dilúvio.

Tábuas de argila, misteriosas,
ao longo do tempo nos deixaram penetrar
sua magia,

trazendo a história de mundos esquecidos,
a sua arte delicada ou de gigantes
e a música dos poetas.

Vieram mudando estas salas
com os séculos.
Agora são volumes enfileirados,
suaves ao manuseio,
mas com a mesma alma, ou as mesmas almas,
dos milênios que criaram
estes sinais que falam de tudo
e nos ensinam
e nos seduzem e consolam
ou revoltam e assombram
e fazem de nós
o que somos.

E aqui estou eu, nesta sala,
que lembra outras tantas, incontáveis.
Na verdade, esta sala,
principalmente esta,
é o que sou.
Estes livros fulgurantes
de amor e de escuridão.
Estes livros escritos pelo homem.
E entre eles me sinto real,
pois sou como aqueles que os escreveram.

E brindo a isto com o rei de Úruk
e sorvo do que Cristo
criou da água nas bodas de Caná,
prodígio de que compartilho
com o poeta Omar Khayyam,
sábio de mulheres, do vinho

A INVENÇÃO DA POESIA | 83

e da Lua
(esta que tudo testemunhou
e abençoa
os que são capazes de compreender
iluminações).

SONETO DA MULHER QUE SE FOI

Para onde as cobras dormem e onde o vento
faz a curva se foi, ela, e, perdido,
nisto ele pensa, triste, dolorido,
e reconhece: é mais que um pensamento.

É mais, é muito mais: fundo tormento
de se encontrar assim tão esquecido,
tão desprezado, tonto, desvalido
em deserto de amargo isolamento.

Mas o que terá feito? Houve um momento
pouco gentil? Não, não é das suas obras.
Coisa assim a sua vida jamais turva.

Devora-o fulgurante sentimento.
E eis que ele parte, então, para onde as cobras
dormem, lá o vento faz a curva...

A CASA

Na parede a fotografia
da casa que meu pai construiu
nos anos 50.

Ainda é bela,
mas a cor é mais escura
e puseram grades no murinho,
no portão e na janela da sala
em que meu pai lia inúmeros livros
e trabalhava em sua advocacia.

Estranho as grades,
mas, enfim, estamos em um país
de cada vez mais ordem
e progresso...
Na fotografia também há,
sobre a casa,
um céu de azul suave e nuvens brancas
como uma referência ao tempo
em que ali vivemos.

Meu pai retiraria as grades e reconstituiria
a clara cor original.
Minha mãe não consideraria o jardim
tão belo quanto o seu,
porém certamente conversaria
com as petalazinhas, pousadas como neve
no verde arbusto,
como fazia com as flores que cultivava.

São pensamentos que penso,
nesta sala,

diante da fotografia,
nesta manhã de domingo.
Pensando e sentindo.
Sobretudo sentindo o que paira
muito além das palavras.

Sentindo
meus pais, minha avó italiana
que ajudou a criar os netos,
meus irmãos e eu mesmo.
Uma magia.

Uma magia que vivi
e que iluminará meu último instante,
quando retornarei àquela casa
para sempre.

DIA PRIMEIRO

Neste primeiro dia do ano sente-se
um tanto vazio,
principalmente
de certas levezas e iluminações outrora recebidas
como dons liberados por descuido
dos deuses.

E os anos vieram após os anos...

Ele se olha no espelho e pensa que,
seja como for, é novamente
primeiro dia do ano.
Depois, sim, depois,
será o que for.

O que ainda é um mistério...

Mas pelo menos de uma coisa pode estar certo:
a cada vez
vai poder ver mais claramente,
no espelho,
o rosto do seu
fantasma.

SONETO DO RETORNO

Às vezes, despertamos vindo de eras
perdidas, de uns farrapos de quimeras
envoltas em silêncio, adormecidas
num horizonte de memórias idas

das venturas que tanto desejamos
e em sua busca partimos e velamos
noites sem fim. O sonho ali, tão perto,
mas o caminho é longo, e é tudo incerto...

Despertamos. Também amanhecidas
as quimeras. Não mais sombras perdidas:
voltam de além do sono às nossas vidas

e abraçam nossas almas doloridas,
reconduzindo-as aos antigos portos
para acordar no mar os sonhos mortos.

VOZES

Escutar antigas vozes
humanas
vozes também
do vento nas casuarinas
no vasto tamarindeiro.

Como falam vaga-lumes
grilos
cães
canários
perdizes no capinzal
o pequeno jardim além da varanda
a água nas moringas
os cômodos da casa.

Vozes antigas agora
como há já muito tempo
e enquanto eu puder
navegar
embora de velas rotas
até que o ocaso se deite
tudo calando
por fim.

DE VINHO E DE POETAS

1.
Hesíodo,
cerca de 800 anos a.C.,
falou de se beber com
três partes de água e uma de vinho.
Três partes de água... Fico imaginando esse vinho,
por certo altamente arrogante.

Li em algum lugar que Sócrates bebia o vinho puro.
Aquele mesmo vinho.
Não sei se é verdade, mas certamente Sócrates
estava bem longe de ser um homem comum,
concordemos ou não com as suas ideias.

(Ainda sobre esse vinho,
que exigia três partes de água,
conta Montaigne que o filósofo Estílpon,
ao sentir-se envelhecer,
apressou seu fim bebendo
vinho puro.
Não era, pois, bebedor tão bom
quanto Sócrates,
que só morreu ao ser levado a beber
outra coisa,
que nada tinha a ver com o vinho.)

Bem, o que se sabe é que os gregos bebiam bastante,
muitas vezes às expensas de Platão,
um dos poucos em conforto econômico.
E que certamente devia ter bebido
(talvez até desprezando a água,
já que discípulo especial de Sócrates)

A INVENÇÃO DA POESIA | 91

ao elaborar certas filosofias.
Não acreditava nas musas, mas é claro que bebia
de outras inspirações.
Mesmo porque, embora combatendo os artistas,
também escreveu poemas,
inclusive para esclarecer as mulheres
a respeito de certos comportamentos
e sabedoria de certas concessões, sendo, desta forma
antecessor de, por exemplo,
Pierre de Ronsard:

Cuillez dès ajourd'huy les roses de la vie.

Ou na admirável paráfrase de Manuel Bandeira:

Por isso, amai-me... enquanto sois bonita.

2.
E eis que eu estava, outro dia, lendo mais
poetas antigos, mas não tão antigos
como aqueles de a.C.
E não gregos, mas chineses.
E nada estranhos porque também
adeptos do vinho, que não sei
se também bebido com medidas de água,
nada li a respeito,
outros mais chegados ao vinho poderão
informar melhor.

O que aprendi mesmo foi que bebiam
e muito falavam do beber
para invocar a poesia
e suportar a vida.
Bebiam vinhos de variadas origens. Como de flores,

Ruy Espinheira Filho

entre elas o crisântemo,
bem fácil de encontrar
no Oriente
(que naquela época era certamente um
Oriente a oriente do Oriente,
como queria Fernando Pessoa,
que também sabia honrar
uma taça de vinho,
ou algo bem mais forte).

E bebiam, bebiam,
os chineses,
como o glorioso Li Bai,
que, como se conta,
morreu afogado tentando pegar,
bêbado,
a imagem da Lua refletida nas águas
do Yangtse.

Se a história é pura criação,
partiu, sem dúvida, de um poeta.

3.
Entre os primeiros e os segundos de que falamos,
numa região de palmas e areias,
o grande Omar Khayyam,
que celebrava o vinho e as mulheres
com intenso amor.

4.
Milênios que passaram,
mas que não passaram
porque os poetas escreveram seus cantos.

5.
Sempre o vinho inspirando,
consolando.
Sempre ele servindo taças de reinvenções
do mundo.
Ilusões? E o que não é ilusão?
Tudo o que podemos fazer é escolher as mais belas,
cálidas e
inspiradoras.
Que tudo é ilusão,
desde o princípio dos tempos, como só não sabem
os que vivem na mais pobre e amarga
ilusão.

E aqui creio que é a hora de erguer um brinde a esses
[poetas,
mais os que ainda estão vagando pela vida
e os que virão.
Um brinde que ergo com unção.
E sem as três partes de água,
evidentemente,
para que seja mais embriagadora
a ilusão.

SONETO DO VENTO

O que sabemos mesmo sobre o vento
em que nós respiramos nossa vida
(que se é nossa também se faz perdida
nos labirintos de cada momento)?

Às vezes fúria, às vezes sonolento,
vai nos soprando a alma encanecida
pela vasta distância percorrida
em campos de alegria ou desalento.

Ou, às vezes, somente escuridão...
Tantas idades há no coração...
E, em todas elas, muito a recordar

de dor e amor, que é assim que a vida é:
um conto que se vai contando até
onde, por fim, o vento nos deixar.

ELE PENSA

Ele pensa:
envelhecemos e nos sentimos
logrados.

Agora é mais uma vez dezembro
com o logro dos seus mitos.
Ele já amou dezembro,
até nele nasceu,
mas o tempo passou, passou,
fazendo florescer cada vez mais
longos campos de enganos
e desenganos.
(Os desenganos, que não nos curam dos enganos,
apenas os confirmam
amargamente.
Melhor seria que seguíssemos com enganos
até o fim.)

O tempo passa e passa,
ele pensa,
só deixando de passar quando cessa.
Quando tudo estaria muito bem.
Muito bem estaria, muito,
muito bem estaria,
se ainda pudéssemos
estar.

DISTÂNCIA

Sempre distante, cada vez mais distante,
ela.

E pulsa, pulsa, pulsa, pulsa, pulsa
desde o abismo do abismo do abismo, do abismo,
do abismo
do coração.

O PASSARINHO

Hoje vi dois passarinhos
e me lembrei de você.
Antigamente era o contrário:
você é que me fazia
pensar neles.

Você tinha muita coisa de ave pequena e colorida:
o rosto miúdo e corado, as pernas magras,
os gestos nervosos
– tudo em você, inclusive o fio de voz, era
de criaturinha assustada
e volante.

Nós éramos animais decididamente terrestres,
sólidos, vulgares. Nosso destino
era o chão de pedra, pó e lama.
Caminhávamos pesadamente, sem qualquer graça,
ásperos e suarentos. Só você sabia
aproveitar o impulso da brisa
– por mais leve que fosse –
para vencer obstáculos e distâncias.
Nós éramos agitados, ruidosos, fortes;
e você, aparentemente tão frágil,
nos acompanhava em tudo. Nós ficávamos
exaustos e ofegantes – mas você
não se cansava nunca.

Julguei ver, certa noite, seu vulto passar voando
pela janela do meu quarto. Foi, como diria o poeta,
o meu primeiro alumbramento.

Hoje, tendo visto dois passarinhos,
que brincavam entre as folhas de uma mangueira,

veio-me uma grande vontade de receber notícias suas,
de saber onde e como você está.
E será que valeria a pena? Tenho medo
de que você me apareça como uma pessoa
qualquer, talvez transformada
numa senhora gorda que vive gritando com os filhos,
sem nada mais da menina que me surpreendia e encantava.

Mas, pensando bem, eu não preciso de notícias.
Porque você – o real de você – é o que está em mim.
E em mim você permanece a mesma, alada e mansa,
ave morena, suave e intemporal.

Entre passarinhos, passarinho de olhos estranhamente
[humanos,
grandes e desamparados.

A PORTA

1.
Quis deixar fechada a porta,
pois poderia voltar.
Fazia tempo, mas há quem
mesmo assim quer retornar.

Talvez... E ele pensa agora,
da janela olhando o mar:
belo dia, sobretudo
para alguém querer voltar.

No entanto, se volta é com
o que a vida fez juntar,
e como achar canto em que
tudo isso pode ficar?

Sim, trará uma existência
de esquecer e de lembrar,
ou de mentir... Pobre o espaço
para esses trastes guardar.

Vida demais, muita história...
Difícil de carregar...
Quando ela chegar à porta,
irá bater para entrar...

Mas como entrar? Labirintos
de abismos sem acabar...
E ele pensa: descaminhos
ali não podem chegar.

Com ela viria vida
de ele nem imaginar.

Ruy Espinheira Filho

(E lembra a que havia sonhado,
bem ali, à beira-mar...

Morreu, bem sabe, mas nele
não cessa de se sonhar...)

2.
Respira profundamente
esse homem, olhando o mar,
que lhe sussurra: no tempo
não há ondas de voltar,

porque as ondas do tempo
voltam sempre a um outro mar.
E o homem, escutando-o, pensa:
lição para meditar.

Sim, o passado não volta,
mas outra pode chegar...
E medita. E se dispõe
a novos sonhos sonhar,

antes que se perca, enfim,
exausto de naufragar.
E olha o mar com outros olhos,
não mais olhos de chorar.

E sorri. E, abre, sereno,
a porta de par em par...

SONETO DO ANJO FINAL

Eu bem sei: foram fadas que a moldaram
na lua cheia, bem diante de mim.
E perguntei-lhe: és o Anjo do meu fim?
Só me sorriu. E então se dispersaram,

na brisa, as fadas, que ali me deixaram
em êxtase! Pois nunca eu vira assim,
nada tão belo! Um grande amor, por fim!
Vasto, profundo... E então eis que a levaram

de volta as fadas... Mas na alma ficou
a magia que veio e me enlevou:
Anjo de história que guardo cantando,

ornado de ternuras e de ciúme,
iluminado pelo seu perfume
onde arde o sonho que me está sonhando...

ROAZ

1. O tempo levou a cidade da infância,
a da adolescência, a da juventude,
que agora estão apenas na memória,
ficcionista, sim, mas que me permite
ainda caminhar, embora um tanto nebulosamente,
nessas cidades e encontrar
ruas, praças, árvores, colinas,
bares, serestas, paixões,
clubes de muitos bailes,
pessoas da amizade e da admiração,
tudo levado pelo tempo.

2. O tempo roaz
(o que me sugere o velho trava-línguas:
o rato roeu a rica roupa do rei de Roma,
que não era, com certeza, o rei que desfilou
pela cidade num traje que o deslumbrava,
como também os seus súditos,
até que uma criança denunciou
sua nudez.
Não, da inexistência dessa roupa não podemos
pôr a culpa no rato, que nunca
a encontrou para roer).

3. Roaz, o tempo. Presente desde
o primeiro ser que percebeu
um mistério a persegui-lo por toda a vida
e do qual jamais conseguiria escapar.
E assim perdia-se nesse ser a pureza
de todos os outros animais.
Perdia-se nesse ser que de súbito era
um homem,
o que até então não havia em parte alguma.

A INVENÇÃO DA POESIA | 103

4. Sim, lá se foram as cidades,
os afetos, as admirações,
agora apenas no que resta ainda
de memória.

5. Depois irei. Iremos.
Todos iremos. Como
o rato que
roeu a rica roupa do rei de Roma,
e dos quais ninguém se lembra quem foram,
rato e rei.

E depois de depois,
e de depois, e de depois,
ninguém se lembrará de nada,
pois não haverá mais ninguém
em quem florir lembranças,
que não pode haver qualquer memória sem
nenhum depois.

O PRESENTE DA LUA E DO SOL

Eu não estou em Bocaiuva, Minas Gerais,
onde se encontram milhares de curiosos
nacionais e gringos
da ciência
com máquinas fotográficas gigantes,
telescópios, câmeras astrográficas (como
registrou um jornal) e muitos outros
aparelhos misteriosos,
que encantam adultos e crianças,
e ainda aviões que chegam e decolam
e caminhões como dinossauros
movidos sobre dez rodas e outros assombros
monumentais.

Eu não estou em Bocaiuva,
mas num lugar de que não fala nada a imprensa,
cidadezinha chamada Poções, no Sudoeste da Bahia,
mundo pequenino em que vim para passar a vida
de menino
e inícios da adolescência.

Onde vou ver o eclipse total do Sol,
em 20 de maio de 1947.

Eu tenho 4 anos de idade.
Meu pai e minha mãe, 26.
Eu sou o primeiro filho.
O terceiro (depois virão mais quatro...),
meu segundo irmão, Carlos Geraldo
(que eu, por não acertar pronunciar o nome Geraldo,
chamo de Gey, o que se tornará seu nome por toda a vida,
inclusive nas universidades e nas capas de livros

A INVENÇÃO DA POESIA | 105

que publicou;
problema similar que já havia atingido meu primeiro
[irmão,
José Antonio,
que acabou por mim sendo chamado de Tuna e assim
[assinou
seus filmes, documentários e longa de ficção),
nascera, prossigamos, ele, o segundo irmão,
Gey,
exatamente um ano antes
e penso então que é o eclipse uma fabulosa comemoração
de seu aniversário.

Bem, aqui estamos nós, à espera. Antes meu pai
já explicara o fenômeno.
Agora nos dá negativos de filmes
dizendo que através deles podemos
olhar para o Sol, mas com atenção:
sem demora, para não
prejudicar a visão.

Sim, vejo o Sol desaparecer
por trás da Lua.
E ouço alguém gritando
na rua
que o mundo vai acabar.
E noto a ausência de passarinhos
no ar.
E eis que as galinhas se retiram
do terreiro
e se arrumam educadamente,
como mandam as normas da Noite,
às quais obedeceu logo o galo,
já no poleiro.

E os cachorros latem interrogações
ao Universo.
Eu não interrogo nada,
estou informado bem mais do que
a cachorrada.

E o Sol vai lentamente retornando.
Há exclamações.
Alguns louvam a Deus e aos santos.
E eis os passarinhos com seus cantos.
E as galinhas, não estranhando
noite tão curta,
voltam a bicar no terreiro, enquanto os cachorros,
correndo e saltando saúdam, em vários tons,
o Sol,
concorrendo com o galo,
que com sua corneta jamais havia recebido
tão musicalmente Sua Majestade,
o Arrebol.

E todos, em casa, na plena alegria
por aquele novo dia.

E ainda hoje me sinto comovido,
mais de 70 anos depois, por ter a Lua e o Sol,
num lindo bailado,
assim saudado o primeiro aniversário
de um menino,
segundo irmão daquele que,
(fenômeno não percebido por ninguém,
mesmo porque até agora
jamais revelado),
na verdade,
modéstia à parte,

A INVENÇÃO DA POESIA | 107

com as bênçãos dos céus,
apesar do aniversário do segundo irmão,
se reconheceu
do reino daqueles instantes
o Príncipe Encantado...

UMA CANÇÃO DO VENTO E DA NOITE

Vem súbito o vento,
como um pensamento.

Se envolve nas árvores,
sopra os passarinhos,

mas não compromete
o calor dos ninhos.

Acarinha a grama,
a rosa amarela,

assovia nas
fendas da janela.

É um afável vento,
nada violento.

E a noite vem
em seu sopro sem

preocupar-se nada
de nada, serena,

suave, descansada.
E eis que a noite e o vento

acalentam o
mesmo pensamento:

afagar a vida
e tudo de leve

fazer. Como até
de leve sorrir.

Pois eis que as crianças,
em doce abandono,

já se estendem nas
campinas do sono...

POEMA DOS MESES

É sempre especial
o mês de Janeiro:
por ser o primeiro,
o que inicia
mais um ano inteiro.
Abrindo a canção
– quase em tom guerreiro –
esplendente do
rútilo verão.
Um tempo de dança.
De sonho. E esperança.
Um tempo criança.

E vem Fevereiro,
que é menorzinho,
pois o calendário
tirou-lhe um tempinho...
Mas ele com nada
se importa. Afinal,
nele é que cintila,
sempre, o Carnaval!

E é a vez de Março,
que me obriga a
pensar numa rima
bem ruim: mormaço.
Ruim, mas preferível
à rima correta
que vem em socorro
e seria ainda
bem pior: cadarço...
Perdoe-me, perdoe-me,
grande mês de Março!

E então é Abril,
de lindo perfil.
Penso as naus de Pedro
Álvares Cabral
aqui aportando
em um pleno Abril...
Mas deixemos de
histórias da História.
É. Mesmo porque
tardou-se Cabral,
só aqui chegando
bastante atrasado
(dois meses depois,
pouco mais ou menos)
para o Carnaval...

E Maio aí vem.
E o que ele tem?
Tem de tudo, Maio,
às vezes até
um mar verde-gaio.
O que emociona
tanto que nos faz
às vezes cair
num doce desmaio.
Pintor valoroso
e amoroso, Maio...
Salve o mês de Maio,
de amor verde-gaio!

E em Junho, então?
Fogueiras no chão!
Comidas, bebidas,
um forró danado

da boca da noite
ao nascer do dia,
que acorda esgotado
e nem dá bom-dia.
É Junho! São João!
Festas que não cessam
em meu coração...

Julho me parece
como um intervalo,
como se aguardasse
e fosse partir
a qualquer momento
em doido galope
de doido cavalo.
Estou enganado?
Sim, provavelmente.
Que Julho, afinal,
tem um coração
bem benevolente,
pois nele, por certo,
nasce muita gente
casa muita gente
e eis que muita gente
pode ser feliz,
como são os baianos
recordando que,
com sangue, com glória
e perene orgulho,
(2 de Julho de
1823)
venceram de vez
o velho e implacável
jugo português.

E Agosto, de rosto
pré-primaveril.
Disfarça, porém
imita o perfil
do formoso Abril.
Mas, o que importa?
A vida é assim feita.
Importa é que Agosto
sua o lindo rosto
para preparar
as primaveris
colheitas florais.
Dedicado Agosto,
de perfil bem posto,
encantando a vinda
das flores gerais!

E Setembro, enfim,
com flores sem fim.
Festas de Setembro:
juventude nas
ruas desfilando.
Bailes de beleza
pela Natureza,
que tanto precisa
da ação dos jovens
mais que em seu louvor:
em sua defesa.
Lutemos nós todos
pela Natureza
com o que temos de
coragem e amor,
cultivando sempre
nossa natureza
de valor em flor.

E Outubro prepara
uma nova escala,
buscando Novembro,
que já arruma a sala
de esperar Dezembro.
Este é o horizonte
que Outubro edifica
e do alto contempla:
a dourada ponte
que leva a Novembro
e este levará
depois a Dezembro.
Sim, sem o talento
de Outubro, por certo
menos brilhariam
muitos brilhos de
Novembro e Dezembro.

Ah, Novembro faz
de conta que nada
é preocupante.
Ao chegar a hora
da luz de Dezembro
tudo estará belo.
Mais: glorificante.
Sempre foi assim
em todos os tempos,
aqui e acolá.
E agora o que foi
em todas as vezes,
hoje, novamente,
bem assim será.
Que venha Dezembro!
Tudo brilhará!

E Dezembro vem.
E tudo cintila,
como prometido.
De novo uma glória
cálida, tranquila.
Dezembro dos anjos
que baixam dos céus
– como são bonitos! –
para que não mais
sejamos aflitos.
Juntos esperamos
por Papai Noel.
E juntos cantamos.
Contritos rezamos
a nossa oração
e ficamos limpos,
prontos ao perdão.
E mais amplo fica
nosso coração.

E se foi ligeiro
outro ano inteiro.
E então novamente
eis que já é Janeiro!
Um tempo de dança.
Como outros Janeiros
de sonho e esperança.
Felizes janeiros
de quando o que escreve
estes versos era
ainda criança...

**SONETO DOS SONHOS OU
DE ANTES E DEPOIS**

a Carlos Machado

Num quarto antigo o rútilo rumor
de livros longamente folheados,
tão encantados e desencantados
em nuvens de ternura ou de terror.

Eram vozes falando num fervor
de amores e ambições, dilacerados
vezes sem conta, mas reinventados
para o que fosse de treva ou esplendor.

Depois, na própria vida, nós lutamos
por céus, mares, abismos e desertos,
contra angústias, traições, seres medonhos.

E, como todos, eis que enfim chegamos,
por caminhos tão duros como incertos,
onde não nos aguardam nossos sonhos...

ENQUANTO TARDA O ABISMO

Quantas luas ainda rodearão o planeta,
antes que nos procure o asteroide ou o cometa?
Pergunto enquanto sigo a lua sobre o mar,

mas infenso à tristeza sob o sol do luar.
Pois que adianta estar triste? Nada do que temos
é nosso de verdade, pois ao fim perdemos

tudo, desde os tesouros de afetos profundos
aos sonhos deste mundo, e até de outros mundos....
Mas esqueçamos, eis que a lua está girando

e a nossa vida vai embalando, perfumando
com bilhões e bilhões de seus anos em calma
regendo a natureza e até o que em nós é alma.

O resto não importa, não importa nada,
a não ser respirar a vida enluarada,
enquanto aqui não chega esse sinistro corvo

fazendo despencar o céu com seu voo torvo,
vindo de longe, lá das trevas abissais,
para ao homem dizer do amanhã: nunca mais...

ENTRE NÓS

... poesia, canção suicida,
poesia, que recomeças
de outro mundo, noutra vida.
(...)
Poesia, morte secreta.

Carlos Drummond de Andrade: "Brinde
no banquete das musas"

Era mais linda do que a Flor do Dia!...
E alguma coisa entre nós havia.
Ou eu somente é que achava que havia?
Não, não era ilusão, afirmo, havia,
eu sentia que havia, havia, havia,
alguma coisa entre nós havia.

Mas, às vezes, verdade, em mim se abria
a dúvida – e eis que então eu não dormia.
Que loucura pensar que nada havia
entre nós! Era o fim da alegria...
Tantas vezes de mim Ela fugia...
E era a morte cantando uma elegia...

Mas a esperança, essa jamais morria...
E eis que Ela retornava e era um dia
aquecendo em sua luz a noite fria
que em mim se abria. E então já não havia
o horror das horas em que eu não dormia.
De novo a vida, pois Ela sorria!

Voltava, sim, como um nascer do dia.
Reviver de calor e de alegria
onde eu sentira a vida tão vazia.

A INVENÇÃO DA POESIA | 119

Adeus, portanto, à dor que me doía...
Que mais queria eu, que mais queria?
Ah, alguma coisa entre nós havia!

Havia, sim, e então Ela partia
De novo abandonando-me, e se ia...
E nada, nada, nada eu poderia
fazer, senão beber na taça fria
do rei de Tule... Como Ela partia,
se alguma coisa entre nós havia?

Porque havia, havia, havia, havia,
pois que Ela retornava... Não seria
engano meu, que havia, havia, havia,
alguma coisa entre nós. Sentia
eu, e com muita força é que sentia,
que alguma coisa entre nós havia.

Muitas vezes a horrenda ventania
de duvidar: o que entre nós havia,
havia mesmo, ou só em mim vivia?
Penso: se os Deuses, ao chegar meu Dia,
perguntassem (e eu me comoveria),
responderia que sim, que sim, que havia,

que alguma coisa entre nós havia.
Guardassem para mim, pois, a Poesia
(muito mais linda do que a Flor do Dia!),
eles, os Deuses, porque eu bem sabia,
embora os desencantos e a agonia,
que alguma coisa entre nós havia.

120 | *Ruy Espinheira Filho*

UMA CANÇÃO DE SAUDADES

Oh! que saudades que tenho...

Casimiro de Abreu

Longas saudades da vida,
que agora parece, enfim,
estar fechando o horizonte...
Fundas saudades de mim...

Saudades do pai, da mãe,
irmãos, amigos, amadas,
sonhos abrindo caminhos
nas ruas das madrugadas,

ou nos dias cintilantes
(a toda hora possíveis,
pois não havia nenhuma
crença em sonhos impossíveis).

Saudades de verdes campos,
do vasto tamarindeiro,
do dezembro em festas, dos
novos mundos de janeiro.

Saudades de tantos bares,
tanta música ao violão
dizendo o que ardia em nós
e era perene canção

de desejos e esperanças,
ilusão, desilusão,
mas sempre em rumo de amor
nas sendas do coração.

Oh! que saudades de olhares...
E mais dos que refulgiram,
ofuscando-me em quimeras
– e me deixaram, partiram...

Oh! saudades da que vi,
quase criança entre as crianças,
doce como brisa pura,
linda menina de tranças,

clara, princesa da neve,
sempre a mesma na memória,
como de um conto de fadas
a iluminar minha história.

E loiras, negras, morenas,
com seus ritmos sensuais,
a reger epifanias
que não cessarão jamais.

Amplas saudades de tudo
o que saudades merece
(vasto gesto carinhoso
que me embala, que me aquece).

Densas saudades da vida,
que mais e mais me comove,
já chegando aos 80 anos;
depois, aos noventa e nove...

Não, não! É longe demais!
Bem antes irei dormir
o sono profundo de
que ninguém pode fugir.

Ah, sonhos que me sonharam
a vida... A vida que, enfim,
se apagará sem sonhar
quaisquer saudades de mim...

SONETO DAS MUSAS

Há tempos não escrevo coisa alguma,
pois as musas se foram, uma a uma,
as líricas memórias dispersando
ao longe. Nenhum pássaro cantando

em mim. E nenhum voo. Como nenhuma
vela partindo sobre a vasta espuma
da vida, que parece estar cansando,
num ocaso cinzento se apagando.

Assim vou me perdendo, hora após hora.
Tantas cintilações indo-se embora...
Retornarão? Não sei. Sabe ninguém.

Mas peço às musas: dissolvam a bruma
e venham reacender-me, uma por uma,
as cantigas que são de além do Além...

AMIGOS

Vocês vêm sempre que os convido.
Quase escrevia: em pensamento. Mas
estaria errando. É um convite
bem mais de sentimentos.

Que é assim que os convido
e é assim que vocês vêm
como também se convidam a vir
espontaneamente,
trazidos por sentimentos iguais aos meus.
E é aí que conversamos,
nesses sentimentos.

Alguns se foram para cemitérios,
outros dormem em natureza de cinzas,
sobre algum velho móvel,
ou como as que que já foram entregues
a algum rio,
ou ao mar,
ou às flores de um jardim.
E depois, como sempre, ao
esquecimento.

Sim, vocês vêm e vocês igualmente
me convidam
e nos mudamos para bares antigos.
E então, indiferentes ao tempo,
conversamos longamente nossas conversas
com a juventude e a felicidade que um dia merecemos
e nem um pouco interessados na
Ressurreição.

CANÇÃO DO DESTINO

a Luciano Lanzillotti

Colhi no ar um poema,
porém vi que nele vinha
mágoa – e deitei a caneta
no tampo da escrivaninha.

Mas depois a recolhi,
que poderia fazer?
Meu destino é cantar tudo,
bom ou ruim, do meu viver.

É o que em mim está ressoando
como um persistente sino
desde as névoas luminosas
em que eu era ainda menino.

Que venha, pois, qualquer poema,
mas não sendo tolo, frio,
pois não quero sufocar-me
nessas redes de vazio.

E assim viverei até,
além do Bem e do Mal,
desfazer-me nas areias
do esquecimento final.

3 NOTAS SOBRE O TEMPO

Velho companheiro
que esteve comigo sempre
como agora.
Não ainda por muito mais
certamente
pois tanto já o desgastaram
os relógios.

Um rio correndo.
Um barco descendo por esse rio.
Sonhos à deriva nessa pétala
flutuante.
De que o Tempo enfuna as velas
que um dia esquecerá
murchas
nos esqueletos dos mastros.

O Tempo.
Que esteve comigo sempre
como agora e talvez
mais um pouco
ao menos um pouco
permitindo-me cumprimentá-lo
até amanhã.

CANÇÃO DAS QUIMERAS

Vens de longe, de tão longe
que mal sei há quantas eras

nasceste em mim e inventaste
este espanto de quimeras.

Algumas com muita angústia,
outras só de coisas belas.

As primeiras com seus prantos
de batalhas e procelas,

enquanto as demais repletas
de risos e alumbramentos,

a dançar no meu caminho,
cintilando em sentimentos.

De tão longe vieste assim
e hoje nem lembras de mim...

Mas eu, eu resguardo tudo,
desde as mais profundas eras.

Ah, se chegasse algum dia
(isto eu não desejaria)

alguém, fazendo ameaças
com suas legiões de feras,

para apagar-me estas eras,
sagradas, divinas eras

dos azuis mais abissais
de que trouxeste as quimeras,

eu certamente o daria
de pasto às suas próprias feras.

Sim, embora não te lembres
mais de mim, eu não te esqueço,

pois certamente mereço
que sou o que puseste em mim

e que será sempre assim,
sonhos e sonhos sem fim

das mais fabulosas eras.
E você sempre presente.

Ah, você sempre presente...
Ou melhor: onipresente,

sem distância ou mais esperas.
Você, num manto de eras,

abençoando e iluminando
meu tesouro de quimeras.

COMPANHIAS

Abro envelopes para ver
livros que chegaram.
Preciso conhecê-los
como tantos outros antes
e os que ainda estão por vir.

Quero ter com eles
uma feliz e grave convivência.
seja de horas ou dias ou anos
talvez de vida inteira.

Com alguns já caminhei
e caminho
de eras longínquas às mais novas que
ainda em minha alma se permitirem
fluir.
Uns de amizade recente.
Outros como memória de grandes amigos
cada vez mais sábios e serenos.

Abro os envelopes como quem desvela
novos mundos
dos quais darei notícias aos companheiros de hoje
e aos que se foram mas permanecem
como dito
cada vez mais sábios e serenos.

E assim continuarei
enquanto uma gota de Tempo
ainda cintilar
em mim.

DE SÚBITO

De súbito a sala escureceu.
São nove da manhã e é noite
com vastos trovões.

É
escureceu
mal dá para escrever
neste pequeno caderno.

Penso numa música longínqua.
Num menino. Numa vida
já bem longa.

Eu sei que em certo momento,
talvez em breve,
tudo irá
escurecer além da sala.
Muito além.

Que tudo será
sim
para sempre
noite,
noite noite noite noite noite
absolutamente
noite.

SUA VOZ

Faz muito tempo que não ouvia
a sua voz.
Mas há pouco, no vento
desta noite chuvosa,
senti que a escutava.
Uma ilusão, pensei. Como se tudo
não fosse ilusão.

Faz muito tempo, mas sua voz é jovem,
serena.
Como ontem.
Como bem antes de ontem.
Como outrora.

Ouço-a aqui,
numa emoção de sonho.
Que é um retorno profundo.

Quase tudo faz tempo, muito tempo, mas ouço
você. E busco
lhe responder nestas breves linhas.
Que as receba o vento em que soa
a sua voz
de primeiro anjo que me procura,
docemente,
neste Natal.

FOLHAS

Choveu uma chuva pesada.
Rugiu o vento
dura e longamente.
Agora tudo é imobilidade.

Movem-se apenas as folhas amarelas
que se desprendem dos galhos.
Para baixo, para baixo, para baixo,
como tudo o que morre.

Embora o homem construa esplendores no Alto
para depois da morte.
Grandes sonhos.
Já visitei catacumba
com centenas de milhares de mortos
que ali estavam, paciente e confiantemente,
ao longo de séculos,
aguardando o Julgamento
Final.

Não nego certo fascínio por esses esplendores
do Alto.
Afinal, sou humano.
Mas julgamentos são sempre julgamentos.
Sobretudo os finais.
Como ter confiança? Não,
não quero correr o risco de ser
injustiçado por toda a
Eternidade.

Na verdade, não pretendo
ser julgado por nada.

Desejo ser apenas como as folhas
que vejo agora
suavemente caindo,
caindo
para sempre além das chuvas,
dos ventos,
numa leve viagem em que o mundo
já não existe mais.

IMPROVISO TRISTE

Penso coisas que não fiz
e que não sei se farei.
Talvez num dia feliz...
Porém no tempo passei.

Não sei por que tanto penso
(e até penso o que pensei).
Pensei já o universo imenso,
mas só no tempo passei.

Pensei em voltar à praça
onde te vi e até chorei
vendo o teu sorriso (a Graça!),
mas simplesmente passei.

Pensei grande, vasto amor,
brilhante estrada sem fim,
mas veio a noite e sua dor
do tempo passando em mim.

Por fim, ansiei estrelas
nas ondas da madrugada,
mas amanheci sem vê-las.
No tempo passei. Mais nada.

DE ANJOS E FANTASMAS

Na noite anterior sonhei com um Anjo da Guarda.
Não creio que fosse o meu: estava na parede,
emoldurado,
e não protegia a mim, mas,
com amplas asas abertas,
um menino e uma menina,
pequenininhos,
que caminhavam numa ponte muito velha
sob um céu de tempestade.

Não sei de onde veio aquele Anjo,
que apareceu na parede do meu quarto
da infância. Sei que era belo, alto, nobre
e de asas tão cintilantes como eu jamais vira
em pássaro nenhum.

Sim, talvez não fosse mesmo
meu Anjo da Guarda,
mas com certeza já fui ajudado por um deles,
ou mais de um, ou não teria chegado
a este tempo tão remoto.
Em quatro ou cinco ocasiões, não tenho dúvida,
algum me socorreu.
Bem, pode-se dizer não ter sido propriamente
um Anjo da Guarda,
pura criação do nosso imaginário,
mas se houve tal criação é porque,
em certas situações,
percebemos o movimento de suas asas
no ar que nos circundava
e no íntimo.

136 | *Ruy Espinheira Filho*

Hoje não há mais quadro do Anjo da Guarda
na parede do meu quarto,
que é outro depois de vários,
nem em qualquer outra parte da casa.
Mas penso que Ele deve circular pelo ambiente
como certos fantasmas que habitam
gavetas, armários, espaços
entre os volumes da biblioteca.
E, sobretudo, memórias da vida.

Foi no que fiquei pensando ao despertar
nesta ensolarada manhã de domingo,
como se fosse um amanhecer de antigamente.
Depois de muitas horas dormirei de novo
e espero sonhar outra vez
com o Anjo.

Mas, se não sonhar, não importa.
Mesmo desperto seguirei com ele
e com os fantasmas das gavetas, dos armários,
da biblioteca
e aquele que sempre me examina com perplexidade
quando fito um espelho.

SONETO ESTRANHO NA BRISA DO OCASO

> *Ainsi toujours poussés vers de noveaux rivages...*
>
> Alphonse de Lamartine: "Le lac"

> *Nem te comove a dor da despedida.*
>
> Olavo Bilac: "Nel mezzo del cammin"

Sim, cada dia a mais é um dia a menos
e este se foi que mal o percebi.
Não sei o que pensei e o que senti
além das brumas de vagos acenos.

Quase chorei ao declamar *Le lac*
e na emoção (ainda acho que tremo...)
da extrema curva do caminho extremo
em que se esvai a musa de Bilac.

Nesta brisa do ocaso é tudo assim,
uma tristeza (e eis que de novo tremo
do sonho que me dói desde *Le lac*).

Ah, o que hoje sou é o que busca por mim
na extrema curva do caminho extremo
do amor perdido de Olavo Bilac.

SONETO DO MISTÉRIO

Com belos ademanes conquistavas
o coração sozinho e ainda imaturo,
meio ingênuo, talvez, tímido, puro,
até sentir, na brisa, que chegavas.

E quem tu eras? E o que procuravas?
Nunca vira um olhar tão obscuro
como o teu: um luar intenso, duro,
que me feria quando me fitavas.

Sim, o que havia em ti, como saber?
Só encontrava o mistério de não ver.
E então, depois, o tempo era passado

e eu de ti nada havia desvelado
mais que em teus olhos meu ser apagado,
encantado num sonho de morrer...

SONHOS

O homem
é o sonho de uma sombra.

Píndaro (522-448 a.C.)

Somos feitos da mesma matéria que os sonhos.

Próspero. Shakespeare: *A tempestade.*
Quarto ato, cena primeira.

... toda la vida es sueño

Calderón de La Barca

Como é muito mais espesso
o sangue de um homem
do que o sonho de um homem.

João Cabral de Melo Neto: "O cão sem
plumas"

Meio de defesa especial nestes tempos
de tamanha estupidez
é o sonho. Sei,
todos sonhamos, de uma forma ou de outra,
mas muitas vezes consideramos os sonhos
manifestações menores, que não devem
ser levadas muito a sério. Sobretudo
os que nos ocorrem dormindo e despidos
de sua magia
por inescrutáveis análises psicológicas.

Na verdade, os sonhos a que me refiro aqui
são os que embalamos em vigília, bem despertos do sono,
aqueles sonhos que são o que somos
e se manifestam tanto no sentido do futuro quanto
do passado. E do presente, claro.

O que somos, escrevi, porque, de fato, nós somos
o que sonhamos. Toda a vida é sonho, como disse
Calderón de La Barca.

Bem, certa vez publiquei,
no meu livro *Sob o céu de Samarcanda*, de 2009,
um poema que considerei anticabraliano,
porque João Cabral de Melo Neto escrevera um poema
em que se acham os versos
que estão na parte final destas epígrafes.
Sim, sei da espessura do sangue,
que tem a ver com a própria vida,
mas o mundo em que vivemos
é o mundo dos sonhos. Sonhamos sem parar,
porque os sonhos são a nossa vida.

Não, não há outro tipo de vida.
Estamos em pleno sonho mesmo quando
nos consideramos densos de realidade,
porque essa realidade também é sonho.
Sim, Calderón de La Barca estava certo,
toda na vida es sueño.
Por isso o incluí, como os outros,
ao lado da epígrafe de Cabral.

Assim, a espessura do sonho é o que nos habita
e nos impulsiona por todo o tempo de existência.
Nele vivemos nas dimensões que nos são permitidas,
passado,
presente,
futuro.

No meu poema, intitulado "O avesso e o espesso",
discordando de Cabral, uni-me a Calderón,
como já dito, e a mais dois sonhadores

de qualidade indiscutível, que também
entraram como minhas epígrafes. Um,
grande poeta da antiguidade, grego,
de nome Píndaro. Que em certo poema
escreveu como também se vê
como epígrafe: "O homem é o sonho
de uma sombra."
O que vai ainda além do sonho, pois é
o sonho "de uma sombra". Sonho
de algo bem mais sutil
do que aquilo que costumamos considerar homem.
No mais, depois desses dois,
vali-me de epígrafe de um absolutamente imbatível
em termos de conhecimento da humanidade,
e que, segundo Harold Bloom, realizou,
em seu vasto e profundo teatro,
"a invenção do humano": William Shakespeare.
Que nos ensina em *A tempestade*, que
somos feitos da mesma matéria que os sonhos.
Ou seja: somos sonhos.

Não somos outra coisa – mas sonhos.
E quem vai discutir com o imortal autor
que inventou o humano? Jamais este que está sonhando
nestas palavras.

Enfim, servi-me
da melhor companhia
para discordar do grande Cabral.
Sei, alguns poderão achar
que não passo mesmo é
de um sonhador.

E estarão certíssimos...

ENCONTRO

Ele pensa que nunca mais se encontrarão.
Sim, mas nele ela tem vivido
por muito tempo,
que no final terá sido todo tempo
de uma vida.
E também nela ele sabe ter vivido
longamente.

Enfim, mesmo nas coisas falhadas,
duas existências cumpridas.
Portanto, tolice pensar
que nunca mais se encontrarão
porque, enfim, já se encontraram
por todo o tempo de cada um.

E, se é assim,
por toda a vida,
não poderá haver,
jamais,
nunca mais.

CANÇÃO DE CINZAS

O céu é todo cinzento.
Mas penso que é só um momento.

Passará. Que tudo passa,
pois não há o que não passa...

Como desfaz-se a fumaça,
como o namoro na praça

e um sonho de alto amor
sobre um tapete voador.

O céu é um cinza oceânico,
mas sem razão para pânico,

logo tudo azul será,
como também passará....

Ah, o céu é todo cinzento,
vasto lago sonolento

neste amanhecer sem vento,
lento, lento, lento, lento...

E depois: me lembrarei
dele ou logo o esquecerei?

Como nada fica, enfim,
nada há de ficar por fim.

E serei poupado, assim,
desta angústia que há em mim

dos coleios destes versos,
misteriosos universos

em que sofre e se lamenta
a minha alma cinzenta.

SONETO DOS QUE SE FORAM

São muitos mesmo os que foram-se embora
e muito antes de uma boa hora,
deixando vidas longas tão sonhadas,
de suaves passos sobre azuis estradas.

Trago-os comigo pela vida afora,
vozes antigas que me vêm de outrora
lembrando-me manhãs ensolaradas,
luares pungentes de noites amadas.

Cada vez mais, porém, querem-me ainda
mais perto, como foi antigamente,
não aceitando a dor do Nunca Mais.

E agora mesmo, na tarde que esfria,
falam de mim, que irei, a qualquer dia,
aos que me chamam do distante Cais.

DA FOTO DA IGREJA E DE OUTROS MUNDOS

À cidade de Poções
na eternidade

Está como sempre a vi
desde que à cidade cheguei,
aos três anos de idade.
Eterna, portanto, para mim
a pequena igreja,
que não era pequena e era a única,
só depois construíram a maior,
a Matriz.
Felizmente longe,
não fazendo nenhuma sombra
à primeira. Na qual, infelizmente,
com o tempo,
substituíram-lhe a brancura
por um marrom pecaminoso,
parece até que alteraram um tanto
a sua doce construção,
como vi numa foto que me enviaram,
mas não recordo bem os tristes detalhes,
minha memória costuma se defender.
Como ela está hoje, diante da praça, não sei.
Seja como for, só o que vejo é sua
eternidade original,
a que conheci quando cheguei à cidade
e que está na ampla fotografia
da parede de minha sala.
É a igreja como era
e como sempre será.
Em sua frente a cruz,
junto à qual certa vez me embolei

A INVENÇÃO DA POESIA | 147

aos empurrões, tapas e socos,
com um menino de minha idade.
Eram tempos também de certas refregas...
(Ali onde também vi,
certo dia,
ao voltar da escola,
o caixãozinho branco
com a menininha branca,
toda vestida de branco,
para angélica entrada
no Céu,
como já contei em outros versos.)

Sim, lá está ela,
a igreja.
Fito-a da minha poltrona.
Na rua dos fundos, naquela casa
de muitas janelas, morava
o poeta Affonso Manta.
À esquerda do templo um muro branco,
certamente do bangalô em que viveram
meus tios Itamar e Núbia,
ele ainda bem antes de liberar seu forte lirismo
de pintor.

Não está à vista na foto, mas à esquerda
de quem olha a igreja
há um jardim. Com um coreto no qual
se apresentavam palhaços, mágicos e músicos
em épocas festivas,
como Carnaval e São João,
especialmente nas comemorações do
Divino Espírito Santo,
padroeiro da terra,

quando aconteciam missas e danças,
com fogos de artifícios
e a famosa chegada do alto tronco de árvore
em que tremularia a bandeira do Divino.

Depois da praça, uma rua.
Em seguida, uma ladeira,
que era a Rua da Itália onde moramos
na casa velha e na outra que a família construiu,
segundo desenhos e cálculos de meu pai,
em meados dos anos 50,
quando eu já chegava à adolescência.
No fundo das duas casas,
o quintal do tamarindeiro
que, nas ventanias,
parecia voar
como pássaro de grandes asas
e penas infinitas.
Continuando a ladeira, a praça
das longas e belas casuarinas,
muito antes do assassinato de todas,
ou quase todas, pela prefeitura.
Praça
que certa vez ouvi ser chamada de
da República,
mas que desde sempre eu já conhecia
como
da Liberdade.
Que é o seu nome em mim
para sempre.

Da igreja partia a cidade, que era o meu mundo
cheio de mundos.
Uns de aventuras

nos matos, no desafio
de cercas e muros,
no enfrentamento de espíritos noturnos,
sobretudo os uivantes
lobisomens.
E outros mundos iluminados
de princesinhas lindas, lindas, lindas,
que entoavam suas cantigas de roda
comovendo até neste instante
meu coração.

A foto captou a eternidade da igreja,
límpida eternidade que descobri
e cultuei
em meus primeiros anos,
como ainda hoje.
Também em mim a eternidade
de outros mundos,
como a da praça ao lado da igreja,
a da ladeira,
a das casas,
a da Praça da Liberdade
com as casuarinas que conversavam
ao vento,
a das princesinhas luminosas
na roda de suas cantigas
ladrilhando ruas com pedrinhas de brilhantes
para eu ver
para eu ver
meu bem passar.

Olho a fotografia como se abrisse
uma janela vasta
e profunda.

Nela está a igreja e a eternidade
do que ficou em mim
e me faz ter vontade
de chorar.

Mas lágrimas felizes
por todos os mundos
eternos
da infância.

DO SONHO

Certa vez me disseram,
em tom crítico,
que sou um sonhador.
Concordei, sorrindo,
porque não há mesmo o que discutir
com quem acha que pode viver
sem sonhar.

Lembrei-me disto porque
nesta noite sonhei você como uma flor
num jardim.
Não sei bem que flor você encarnava,
mas havia um perfume que permaneceu
até agora,
enquanto escrevo estas palavras.
No mesmo sonho você era também
uma sombra de árvore,
ampla, suave, protetora,
talvez a do velho e vasto tamarindeiro
do quintal da infância.

Sinto-me feliz com este perfume
e esta doce sombra antiga de um amor
profundo
e tão sereno
como só pode ser um amor
em sonho.

Sim, sonhei com você.
Contente por ter sonhado,
dedico a você este meu
sonho

Ruy Espinheira Filho

de flor e sombra de árvore,
embora você jamais vá vivê-lo, a menos
que o desencante entre os seus próprios
sonhos.

DE ESTRELAS E INFINITO

Na pequena cidade não havia luz elétrica.
Para o jantar ou necessidades noturnas,
velas, candeeiros, lamparinas,
às vezes um simples fifó.
Mas havia o imenso céu de luzes incontáveis
que eu fitava,
da porta da casa e da janela do quarto,
com intensidade e pasmo,
tanto que me disseram que as verrugas
aparecidas na minha testa
eram de contar estrelas.
Porque eu as contava, sim,
mas não poderia acreditar que elas correspondessem
à minha admiração com verrugas
que acabei eliminando com um líquido
homeopático.
E sem jamais abandonar as estrelas.

Enfim, eram fabulosas luminosidades celestes
como jamais pude ver em cidades maiores.
Sobretudo a lua cheia
que me despertava dramática emoção
e, ao longe,
as serestas imploradoras dos apaixonados
lobisomens.

Bem, aquele céu noturno da infância
certa vez me fez meditar no infinito.
Lá estava aquela abóbada maravilhosa que parecia
infinita,
mas seria mesmo infinita? Como,
em minha humilde cabeça,

154 | *Ruy Espinheira Filho*

poderia caber a ideia de algo infinito?
Porque no meu mundo cotidiano tudo começava e
[acabava,
tinha princípio e fim.

O certo é que tal meditação me acompanhou vida afora,
até este dia de tão alta idade.
Como conceber algo sem finitude?
E, de tanto meditar, um dia pensei que
talvez possa mesmo existir algo realmente infinito,
bem além do céu que eu antigamente via,
do que sabem os astrônomos,
do que os grandes telescópios revelam hoje
e nos espantam.

Sim, algo infinito, infinito, infinito... O que
só me ocorre pensar
com um frio no coração.

Porque o infinito,
infinito infinito
imagino apenas como,
infinitamente,
os remorsos de Deus.

UMA CANÇÃO DE OUTONO

Vai chegando um novo Outono,
sem Verlaine e sem violinos;
que seja como os meninos

felizes, de doce sono.

Que seja amável comigo,
pois também sou outonal;
longe de mim todo o mal,

que só busco paz e abrigo.

Que me console, acalente
e, como terna quimera,
me conduza suavemente

às flores da Primavera.

E, enfim, que este novo Outono
me leve aos mais belos cais,
antes que chegue o abandono

no Inverno de nunca mais.

NAQUELE BANCO

Sentado naquele banco do jardim.

De cimento e sujo
o banco,
mas ele não se importa.

O que importa é que o banco está onde está,
à beira da calçada por onde ela poderá
ou não
passar.

(Sim,
poderá ou não poderá,
este seria um problema. Mas ele sabe
que não, não haverá problema.
Passe ela ou não passe,
o sentimento não passará.)

Cena de muitas cenas.
De muito tempo.
Naquele banco.

Mesmo que chegue a noite
e um grande vazio.
Mesmo que ele sinta,
mais uma vez,
o frio intenso como chamado vindo
de um abismo.

Não, ele pensa, nada
importará.
A não ser estar ali.
Naquele banco de cimento e sujo.

Estar ali cumprindo, mais uma vez,
seu dever
de esperança.

SUAVIDADE

Sonhei que havia morrido.
Uma morte suave, eu estava contente.
E suavemente caminhava
junto ao portão de um colégio em que estudara
ou apenas fingira
no início dos anos 1960.

Algumas pessoas percebiam
que eu estava morto
e me dirigiam cumprimentos.
Certamente estavam também mortas
devido à sua mansa
consideração.
Era algo confortante
cálido
estar morto.

Se eu soubesse que assim seria
não teria vivido
me perdido
tanto. E agora
já desperto
prossigo respirando essa profunda
suavidade.

Sim
quando despertei
tudo permaneceu.
E porque eu sentira
a suave morte
percebi que também poderia viver
suavemente

mesmo com suavidade retomar
o passeio junto ao portão
do colégio antigo
como se estivesse morto.

Até estar novamente morto
já não em sonho
para sempre
sempre
num tempo suave
suave
suave
um tempo
sem tempo algum.

NESTE LONGE

De muitas coisas e muitas vidas
ele não sabe mais.
Porque o tempo o trouxe a este longe.

No entanto se interessa –
como estiveram
ou estão
depois da viagem?

Disto ou daquilo
daquele ou daquela
apenas lembranças
descoloridas
cada vez mais vagas.

Bem, sem dúvida houve mudanças nas coisas
para melhor ou pior
ou simples desaparecimento.
Nas pessoas
o envelhecer
e até
a mudança final
da morte.

Muitas coisas e muitas vidas.
E este longe.
Sim
não sabe mais.

E
enquanto a noite avança
fica pensando que também logo
não saberá sequer que dele mesmo
não sabe mais.

CANÇÃO NAS ONDAS DO MARALTO

Que coisa é maralto?

Carlos Drummond de Andrade:
"Maralto", *Viola de bolso.*

- nas águas puras do maralto.

Manuel Bandeira: "Na Rua do Sabão",
O ritmo dissoluto.

De repente sonho um salto
sobre as brumas do maralto.
Mas o que sei do maralto,
eu, pobre homem do asfalto?
Sei que o amor plana mais alto
do que as brumas do maralto.
Ou será que é só engano
do meu espírito insano?
Não, o amor voa bem alto,
e, com profunda pungência,
até muito além do alto.

Que coisa mesmo é maralto?
Só sei sonhar as suas brumas,
talvez um leque de espumas
ali onde eu naufraguei
na proa da caravela
em que jamais viajei.
Ouço rosnar o maralto
no vento com seu assalto
bem onde não naveguei

162 | *Ruy Espinheira Filho*

e nunca me sepultei
sob o vento e seu assalto
no peito amplo do maralto.

E por que sonhei um salto
sobre as brumas do maralto?
Sonho... Sagrado no sono
como na vida acordada,
bem assim o alto maralto
no olhar da mulher amada
que cintila mais e mais
e mal contempla do alto
nosso chão pobre do cais.

Maralto, canção distante,
desculpe se canto triste,
mas é tristeza inconstante,
existe mas não existe,
ademanes da poesia
que se faz sombra vadia
e numa serena dança
de que engana e não engana
acaba por nos fazer
uma oferta de esperança.

Também me vá perdoando,
por se findar a canção,
que a manhã já vai chegando,
no horizonte cintilando,
pelo espaço se bordando,
não posso cantar mais não.

Mas vou contigo sonhando
este sonho de paixão
que me leva suavemente
ao maralto do maralto
do teu vasto coração.

* Muito jovem, li *maralto* ao final do poema "Na Rua do Sabão", de *O ritmo dissoluto*, de Manuel Bandeira. O livro em que li *maralto* era ainda mais antigo do que a minha mocidade, fui checar em edições mais recentes e só encontrei com separação – *mar alto*. Mas não me conformo, pois foi no citado poema que li pela primeira vez a palavra *maralto*, que considerei especialmente poética – e nunca dela me esqueci. Sim, foi naquela leitura que passei a conhecer a palavra. Depois a encontrei no poema de Drummond – e sempre me pareceu que foi o *maralto* de Bandeira que o levou ao seu *maralto*. De resto, está comigo na memória límpida da adolescência.

Ruy Espinheira Filho

A FOTO SOBRE A ESTANTE

para
Tereza Rizério Espinheira,
Teca, minha cunhada,
viúva de meu irmão Paulo,
que fotografou e me enviou
esta foto.

A foto sobre a estante da sala
está perdendo a nitidez,
creio que por ser resultado
da foto de uma foto
que estava na parede da casa de um irmão
há muitos anos.

Nela, da esquerda para a direita,
meu pai e minha mãe.
Ele, de terno e gravata, elegante e bonito,
como sempre,
sentado ao lado dela.
Ela também bonita,
como era de sua natureza. E sorrindo de algo
que ocorria à sua frente.
Ele com carinhoso sorriso voltado
ao sorriso dela.

Lembro-me bem dessa festa
do início dos anos de 1960.
Eles eram ainda jovens, pois ela nascera
em dezembro de 1920
e ele em abril de 1921,
aparecendo eu em 1942,
também, como ela, no mês de dezembro,
o primeiro de sete filhos homens.

A INVENÇÃO DA POESIA | 165

Minha mãe adorava sua família italiana,
por isso estávamos ali,
todos viajando à festa,
por sugestão de meu pai,
já com os trajes adequados,
rodando por mais de 80 KM
pela estrada nada propriamente
confortável
desde o cair da tarde.
(Loucuras da juventude, diria hoje alguém
antigo como eu,
mas que, na verdade, não seria alguém
como eu,
pois não me vejo
nem um pouco antigo nesse outro tempo
que em mim viveu.)

Grande emoção na foto que me traz
de volta esse momento.
A cena sobre a estante da sala
vem de um outro mundo
que já nos pertenceu,
a meus pais e a mim,
e continuo sentindo a sua ternura,
como a do sorriso de minha mãe
e o de meu pai
voltado para o sorriso dela.

Ali está a foto e conta
essa história.
Perdendo, sim, a nitidez,
mas apenas no papel.
Não em mim, que a fito como fitava
nitidamente
meu pai a minha mãe.

166 | *Ruy Espinheira Filho*

E sorrio com eles
naquela magia da foto
daquele quando
que continuará comigo até quando
já não houver quando
nunca mais.

POEMA DAS POSSIBILIDADES

Naquela hora, sim,
a juventude à beira
de suave canção
do mar.

Sim, naquele momento.
Sua pele dourada.
Seu corpo esguio.
Seus olhos claros como, pensei,
sua alma.

Naquela manhã.
Mas apenas, como foi, um momento.
Só um instante
ouvindo doces palavras das ondas.
E o sol por toda parte.
E o seu sorriso.
E o meu tempestuoso
coração.

Naquele momento, sim.
Sei disto hoje bem mais do que nunca.
Hoje, muito depois daquela hora,
daquele momento,
daquele instante,
daquele milagre que em mim
como uma estrela cadente
arde.

Uma estrela que agora desce
longe das ondas, numa paisagem
destroçada pelo longo tempo

que passou.
Uma paisagem onde
a canção das ondas se calou,
o dourado se desfez,
o sorriso se apagou,
a alma já não se vê.

E creio que quase me dissolvi inteiramente
no vento.
Resta de mim apenas uma aragem
que sabe que naquela hora,
naquele momento,
naquele instante,
sim.

Só naquele quando.
No sonho que hoje me acordou.
Que me tem acordado ao longo do longo tempo,
trazendo-me aquela hora, aquele momento,
aquele instante
em que tudo poderia ter sido
na juventude à beira
da suave canção
do mar.

NESTE BAILE

E ela me disse, então, que aquele amor
havia acabado.
O que eu já ouvira em confidências
várias vezes.
Aliás, recordo-me também referindo-me ao fim do amor
nos outros,
como, na verdade, dissera o mesmo
a mim,
falando de mim.

Neste último caso, admito, com certa dúvida,
pois nunca cheguei a me convencer
desse derradeiro final.
Bem, às vezes creio me convencer,
mas então sinto uma brisa soprar
com ironia
a minha convicção.
Teria sido mesmo final
aquele final?

Incomodo-me, não gosto de ironias,
mesmo as das brisas mais cariciosas.

Numa história inventada podemos simplesmente
escrever: FIM.
E fechar o volume.
Mas a vida não é uma história inventada.
Ela é que inventa
e nos inventa.

Dançamos o seu baile.
Sempre.

Ruy Espinheira Filho

Sempre o vasto baile. Sempre.
Sempre e sempre.

Até que a orquestra silencie
os exaustos instrumentos dos nossos
corações.

TARDE DE DOMINGO

Tarde sonolenta de domingo
Ele está só e pensa confusamente.
Mas o quê? Em quê?
Lembranças da infância, da juventude, da maturidade,
da velhice?
Uma sopa fria de fragmentos, talvez.

Domingo sonolento.
Algo ainda para sonhar
apesar da cerração por toda parte?

Sonolento, sonolento.
Cansaço de muitos anos.
Dificilmente não adormecerá.
Muito dificilmente.

Mas não dorme,
pois agora mesmo começa a sonhar
de olhos abertos.

Sim, é levado a sonhar.
E consigo mesmo.
Algum consolo? Esperança?
Não sabe, mas não tem como não ir.

E então desce a se buscar
num retrato.
Um retrato novo. De si.

Um solene retrato do amanhã.
No qual, descobre, não consegue ver mais
ninguém.

172 | *Ruy Espinheira Filho*

UM NOVO ENDEREÇO

Li algures,
já faz tempo,
que, por muito procurarem,
encontraram no mar o avião
em que teria morrido
Antoine de Saint-Exupéry.

Recolheram as ruínas da aeronave,
que foram examinadas com as técnicas
mais avançadas.
Não exibia nada de ter sido atingida
por algum disparo nazifascista,
hipótese que já fora levantada.

Tudo bem.
Mas como?
E os restos mortais do piloto?
Nem sinal.
Nada de nada.
Como também
coisa alguma que pudesse
indicar
um salto de paraquedas.

Assim, frustração, perplexidade.
Daqueles, claro, não minhas,
porque eu já percebera tudo.
O piloto não estava no mar.
Não estava no mar.

Como ninguém me houvesse pedido
opinião,

não disse nada na época.
Mas agora, já não mais magoado
com o desprezo,
recomendo aos investigadores,
e a quem mais se interessar,
que devem voar até o asteroide B 612,
onde Antoine está hospedado
em companhia da ovelha, da flor e, claro, do
pequeno príncipe.

O B 612 é um mundinho
infinitamente menor do que a Terra,
mas, em certo sentido, muito superior,
pois é onde qualquer um que ali esteja,
se apenas ligeiramente mexer os pés,
ou mover um pouco a cadeira,
poderá se emocionar,
quantas vezes quiser,
com o pôr do sol.

JARDINS

Passeavam, no pequeno jardim,
lado a lado
falando de coisas leves.
Ele sorria.
Ela sorria.

E foi que, em dado instante,
ela se referiu a um projeto para
dali a alguns anos.
E ele respondeu que naquela data
já deveria estar além do Tempo,
sem quaisquer enganos.

Então percebeu
que ela já não sorria.
E, fitando-a com ternura,
disse que não se preocupasse,
que por ela ele esperaria,
fielmente,
como esperara até o
primeiro dia.
E depois e depois e depois,
sempre,
com alegria.

E ele viu que ela novamente
sorria.

E se deram as mãos, caminhando
pelo pequeno jardim.
Sorrindo, sorrindo, sorrindo,
pois

já se viam de mãos dadas
com ainda bem maior
suavidade,
passeando pelo jardim
cintilante,
denso de perfumes,
da Eternidade.

UM SONETO DA ALEGRIA

> *Diga-me: o que é uma alegria? E em que jardins*
> *nascem as alegrias?*
>
> William Blake: "Visions of daughters of
> Albion" (1793)

Escrever um soneto da Alegria
era o que hoje eu bem desejaria,
renovando os albores da esperança,
como nos claros tempos de criança.

Creio saber como é uma Alegria,
que baixa em nós em densa Epifania
e em nossa alma a Maravilha trança
e então dançamos de sua pura dança.

Mas raros os jardins dessa Alegria...
Longínquos sempre estão da nossa via,
que nos tece nos fados mais tristonhos.

Ah, um soneto da Alegria! Onde?
No mundo misterioso em que se esconde
a Flor de que florescem nossos sonhos...

OITENTA ANOS

Ainda falta algum tempo,
mas desperto, nesta segunda-feira, pensando nos 80
                                                    [anos.
Ora, digo-me, enquanto me ergo da cama,
nem sei se chegarei mesmo a penetrar
essa aura que sempre foi
longínqua.

80 anos. Nunca me julguei temponauta
(como certa vez se expressou o poeta Drummond)
de tão longo curso.
Na verdade, achava que morreria com 20 anos,
como Álvares de Azevedo,
ou 24,
como Castro Alves.
Porque, afinal, sempre fui um poeta romântico...

Faço a cama, alivio a bexiga, lavo o rosto,
visto a roupa leve do dia,
calço as sandálias e então fito
o retrato que me fita da parede do quarto.

Sou eu mesmo, com poucos meses de nascido,
por trás de uma proteção de vidro,
numa cadeirinha sobre fundo azul,
em moldura oval de Madeira de Lei,
com ornamentos nas extremidades
e tinturas de um ocre escuro,
ele, o menino,
com um ar de quem quer conhecer o mundo,
e um sorriso interrogativo,
talvez algo irônico.

178 | *Ruy Espinheira Filho*

Quantos meses de idade? Não sei,
já não há avós nem pais para esclarecimento.
Lembro só que me disseram
que eu fui aquele menino
uma vez.

O que me leva a pensar no meu *O livro de bêbê*
(assim, com o *de* e os dois circunflexos),
e que minha avó paterna preencheu até
a página 90, ficando as outras 142
sem qualquer anotação
(devido, sem dúvida, ao fato de termos nos mudado
da capital para Poções, no sudoeste baiano,
por volta de 1945,
e eu perdendo o trono
de filho único,
pois já havia nascido o segundo
e mais cinco esperavam na fila).

Tomo o café da manhã, escovo os dentes,
pego o livro na biblioteca.
É um volume poderoso, de capa dura
e cores nas páginas.
E textos de vários autores,
como Mateus e Marcos
colhendo palavras de Jesus sobre os pequeninos,
uma certa Mrs. Dupanloup, um Dr. Donnadieu,
um Ellick Morn, um Dr. Von Ammon,
São Francisco de Sales,
entre outros.

Um livro histórico. Por ele fico sabendo
que nasci no dia 12 de dezembro de 1942,
um sábado, às 18 horas e 45 minutos,

na casa 231 do Amparo do Tororó, em Salvador.
Que meu primeiro banho foi no mesmo dia,
dado por Dona Augusta de Oliveira Mendes,
com assessoria das avós.
Que no nascimento tinha 52 centímetros,
no fim de dezembro 54,
em fevereiro do ano seguinte 63,
chegando a 85 em dezembro de 1944.
De lá para cá, acrescento, consegui apenas
aumentar até um metro e 61,
hoje certamente já não chegando mais a tanto.
Também é relatado que eu, ainda de colo,
ao sair com minha mãe para o ponto do bonde,
sorri, olhando para ela e ("maneirosamente",
como escreveu minha avó)
arranquei de sua cabeça o torço que usava,
caindo na gargalhada.
Já começava assim...

(Casa 231. A mesma avó,
quando eu era ainda menino,
disse-me que ela, a casa
onde eu havia nascido,
já não existia mais.
A casa se fora. E eu estava indo.
Foi a minha primeira comoção
do efêmero.)

E agora estou à beira dos 80 anos.
Sim, temponauta de longo curso.
Atingindo mesmo a data,
certamente desencavarei um vinho respeitável
para um brinde.
Um brinde a quê? Por certo

Ruy Espinheira Filho

aos filhos Matilde e Mario, à minha mulher,
Maria da Paixão,
ao mistério insondável da vida,
aos pais e irmãos mortos,
como aos que estão ainda aqui,
mais os amigos e todos os fantasmas
amados.

Longas estradas, vastas navegações...
Leio mais umas páginas do livro
e o devolvo à estante.
Creio que, ao voltar ao quarto,
encontrarei o menino, em seu oval azul,
sorrindo, sorrindo, sorrindo
com ainda bem mais límpida
ironia...

II

Quatro poemas destes dias obscuros

O tempo é a minha matéria, o tempo presente,
os homens presentes, a vida presente.

Carlos Drummond de Andrade:
"Mãos dadas", *Sentimento do mundo*

I. SERENATA AO LUAR

A lua vem surgindo do mar
e logo toda a cidade
estará respirando um vasto
luar.

Cada sarjeta, cada poste, cada muro
que há muito perdeu a cor,
poderá florir
em amor.

Mas isto ele não sente.
Com ele,
ladeira a ladeira,
praça a praça,
só o imenso cansaço
que o abraça.

E caminha, em silêncio,
costas voltadas à lua,
em busca de um lugar entre os que vão
dormir
na fome e no frio
da rua.

2. SONETO DE UM TRISTE PAÍS
(APÓS UMA REUNIÃO MINISTERIAL)

... apagada e vil tristeza.

Camões: *Os Lusíadas*, X, 145.

As mais belas canções, eis que as cantamos
em tempos de esperanças e alegrias,
eras de generosas fantasias...
E agora apenas nos envergonhamos

de um país que tão alto já sonhamos
e que hoje é como um poço de agonias,
transbordando dejetos de idiotias,
em que nós mesmos – nós! – o transformamos.

Porque foi nosso voto demenciado
que a essa escória entregou todo o poder
de onde nos chega o horror em vendavais.

Ah, voltemos ao sonho abandonado,
para que não venhamos a viver
noutras trevas como estas – nunca mais!

Brasil, abril de 2020.

3. SONETO DO PAÍS PERDIDO

Fulguras, ó Brasil, florão da América,
Iluminado ao sol do Novo Mundo!
Osório Duque Estrada e Francisco Manuel
da Silva: Hino Nacional Brasileiro

Luares pungentes. Nas suaves manhãs,
canários, sabiás, arribaçãs.
Nada mais vasto e belo não havia,
eu pensava – e eis que a vida me sorria

como a menina que na tarde ia
e em mim inventava um canto de alegria.
E eu ali, ainda longe dos afãs
da luta bruta pelas coisas vãs.

E eis que aquele país de antigamente,
que prometia ser eternamente
só de grandezas sob um céu de anil,

hoje é a tristeza que me faz doente,
na noite amarga deste tempo vil
morrendo de saudades do Brasil.

Bahia, Brasil, maio de 2021.
(Sob a pandemia, mas, sobretudo, os hediondos temporais
que rolam sobre nós vindos do Planalto Central...)

4. CANÇÃO EM TEMPO DE PANDEMIA

Dentro do mundo parado
reexaminamos a vida:
por que a tornamos assim
tão infeliz, tão perdida?

Injusta, fria, inconsciente,
amarga mais do que fel,
mentirosa, desonesta,
gananciosa, cruel!

Vendo só poder e lucro,
com arrogância e vaidade,
matando o direito de
busca da felicidade!

Ah, é a construção de um mundo
em lamaçal de impiedade,
da mais dura indiferença
e vasta mediocridade

que vão sempre corrompendo,
querendo tudo aviltar,
pregando por toda parte
que está proibido sonhar.

Sonhamos, porém... Vencida
a pandemia, será a vez
de mudar a nossa vida
em outra melhor, talvez...

Talvez... Mas se não pudermos
jamais derrotar o mal,
que venha – e será bem-vinda! –
a Pandemia Final!

Bahia, maio de 2020, em quarentena da Covid-19.

III

Anotações sobre almas ilustres

a
Machado de Assis
e
Graciliano Ramos,
grandes almas ilustres,
in memoriam.

O primeiro, Quincas Borba, de Machado de Assis.
Cachorro que pertenceu ao filósofo meio demente
(como tantas vezes são os filósofos
e outros seres humanos;
alguns, na verdade, cultivando
demência total)
que lhe deu seu próprio nome,
e o cachorro o aceitou sem questionamentos.
Tornando-se, assim, não só homônimo
do pensador da Humanitas
como título de livro. O pensador fez
do amigo Rubião seu herdeiro universal,
acrescentando cláusula que o obrigava
a adotar e criar, com todos os cuidados,
o Quincas Borba de quatro patas.
No qual, em certos momentos, Rubião
viria a captar expressões próprias do Quincas
extinto.

Depois, Baleia, de Graciliano Ramos
em *Vidas secas*. Sendo uma cachorra, mereceria
vir em primeiro lugar, por questão de gentileza,
mas aconteceu
que havia nascido muito depois do Quincas Borba,
que viveu e latiu ainda no século XIX,
enquanto Baleia foi
de quase meados do século XX.
Ambos, como escrevi acima,
cachorros ilustres. Como, aliás, muitos outros
que apareceram, antes ou depois,
na literatura e na arte, sobretudo na vida,
mesmo porque,
como se diz, o cão é o melhor amigo
do homem (embora
Vinicius de Moraes tenha dito
que é o uísque...), e não só capaz de salvá-lo
de muitas más situações quanto de aconselhá-lo,
amainando-lhe as demências. Assim, jamais seremos
suficientemente gratos ao auxílio canino,
generosidade fiel desde que o homem é homem,
provavelmente bem antes do
sapiens.

Quincas Borba e Baleia. Ambos personagens
da mais alta literatura brasileira
e dotados de espíritos brilhantes e comoventes.
Quincas é descrito desta forma no capítulo V
do livro homônimo: "... um bonito cão, meio tamanho,
pelo cor de chumbo, malhado de preto."
E em seguida:
"Quincas Borba levava-o para toda parte, dormiam
no mesmo quarto. De manhã, era o cão
que acordava o senhor, trepando ao leito, onde
trocavam as primeiras saudações. Uma das
extravagâncias do dono foi dar-lhe
o seu próprio nome; mas explicava-a
por dous motivos, um doutrinário, outro particular."
O que justificava assim: "Desde que Humanitas, segundo
a minha doutrina, é o princípio da vida
e reside em toda a parte, existe também no cão,
e este pode assim receber um nome de gente,
seja cristão ou muçulmano...".
E acrescentava o segundo motivo,
o *particular*: "Se eu morrer antes, como presumo,
sobreviverei no nome do meu bom cachorro."
E sobreviveu bem... Baleia, por sua vez, nascera
naquela família. Nos instantes da morte,
pensando no dono, lemos que
não poderia morder Fabiano, pois tinha nascido
perto dele, numa camarinha, sob a cama de varas.

E eram os dois naturalmente
semelhantes.
No capítulo XXVIII de *Quincas Borba* encontramos
um criado espanhol de Rubião prendendo com
[brutalidade
o cachorro, que considerava um
perro del infierno.

"Machucado (...), Quincas Borba vai então deitar-se
a um canto, e fica ali muito tempo, calado; agita-se um
[pouco,
até que acha posição definitiva, e cerra os olhos. Não
[dorme,
recolhe as ideias, combina, relembra; a figura vaga
do finado amigo passa-lhe acaso ao longe,
muito ao longe, aos pedaços,
depois mistura-se à do amigo atual,
e parecem ambas uma só pessoa; depois outras
ideias... Mas já são muitas ideias – são ideias demais;
em todo caso
são ideias de cachorro, poeira de ideias
– menos ainda que poeira,
explicará o leitor. Mas a verdade é que este olho que se abre
de quando em quando para fixar o espaço,
tão expressivamente, parece traduzir alguma cousa,
que brilha lá dentro, lá muito ao fundo de outra cousa
que não sei como diga, para exprimir uma parte canina,
que não é a cauda nem as orelhas. Pobre língua humana!"

Bom, essa "outra cousa" é algo mesmo profundo...
"Afinal adormece.

Então as imagens da vida brincam nele,
em sonho, vagas, recentes,
farrapo daqui remendo dali. Quando acorda,
esqueceu o mal;
tem em si uma expressão, que não digo seja
melancolia,
para não agravar o leitor.
Diz-se de uma paisagem que é melancólica,
mas não se diz igual coisa
de um cão. A razão não pode ser outra
senão que a melancolia da paisagem
está em nós mesmos,
enquanto que atribuí-la ao cão é deixá-la fora de nós.
Seja o que for, é alguma cousa que não a alegria
de há pouco; mas venha um assobio do cozinheiro,
ou um gesto do senhor, e lá vai tudo embora,
os olhos brilham, o prazer arregaça-lhe o focinho,
e as pernas voam que parecem asas."

Sim, essa "outra cousa"...

O cozinheiro gostava de Quincas, pois era
bem diferente do espanhol, este definitivamente
del infierno.
Mas, voltando ao narrador: creio que desce
à alma de Quincas Borba, ou tenta fazê-lo, meio receoso
dos protestos do leitor, ao qual não deseja "agravar".
Diante disto, desabafa: "Pobre língua humana!"
Quando, na verdade, o problema não é da língua,
é das pessoas insultadas por alguém admitir
alma canina. Afinal, se os índios, bípedes,
não tinham alma, como poderia tê-la
um animal de quatro patas,
um simples bicho,
um reles cachorro? Se alguém o admitir deverá ser
passado a fio de espada pelos guerreiros
do Senhor, os filhos de Levi. Convocados por Moisés,
mataram nada menos do que 3.000 pessoas daquela gente
que adorou o bezerro de ouro no deserto,
isso nas barbas de Moisés
e, claro, do próprio Deus,
o Onipresente, Onisciente, Onipotente – e Único!
No mínimo, um autor que se atrevesse a tanto
não deveria ter leitor nenhum. No mínimo,
claro, embora fosse mesmo mais provável
a sagrada providência daqueles guerreiros do Senhor.
O Qual, não satisfeito com a punição,
enviou ainda uma grande praga sobre o povo.
O *Seu* povo, como se sabe...

Seja como for, mesmo desculpando-se da melhor maneira,
o narrador dificilmente poderia escapar
a tais guerreiros e, se a eles escapasse, não escaparia
a certos leitores. Mesmo assim, eis que a alma de Quincas
[Borba
acaba se afirmando: ela recolhe ideias, combina,
relembra, vê ao longe
a "figura vaga do finado amigo", o que lhe dera o nome,
e o confunde com o atual, Rubião, formando ambos
uma só pessoa. Ou seja: faz um passeio pela alma e depois
adormece. E as imagens da vida brincam nele em sonhos.
Despertando, volta a ser o cão de sempre, mas expressa
um ar melancólico... e o narrador logo se defende,
vamos repetir: "tem em si uma expressão,
que não digo seja melancolia,
para não agravar o leitor".
Não, um cão não pode ser melancólico,
pois a melancolia é só atributo da espécie humana.
Enfim, se alguém acha que já viu algum cão
– ou qualquer outro animal, ou até um vegetal – triste,
que dê um jeito de ser perdoado,
antes que cheguem aqueles guerreiros. Mesmo porque
não possui pernas como as de Quincas Borba,
que "voam que parecem asas"...

Enfim, Quincas Borba continuou sendo o cão dedicado
de sempre. Infelizmente, porém, Rubião começou
a ser tomado por delírios de grandeza, de nobreza,
de altas façanhas militares, à maneira de
Napoleão Bonaparte e outros malucos
que querem dominar o mundo. Delírios que ficavam
cada vez mais evidentes, levando as pessoas a se
afastarem, receosas – ou juntando gente para debochar
do "gira". E foi piorando, piorando, já não tinha dinheiro,
um dia o puseram numa casa de saúde.
Lá ficou um tempo, mandou buscar o cachorro,
um médico achava que logo estaria recuperado. Estaria?
Bem, ao menos parecia. Até que um dia descobriram
que havia fugido, acompanhado
de Quincas Borba.

E logo estavam em Barbacena, terra de Rubião,
e de Quincas, debaixo de uma chuvarada.
Um pesadelo, mas
Quincas Borba ali, junto ao seu dono, nesta situação:
"morto de fome e de fadiga, não entendia
aquela odisseia, ignorava o motivo,
esquecera o lugar, não ouvia nada, senão as vozes surdas
do senhor." Surdas e delirantes. Tão delirantes
que continuavam a causar espanto e...
Logo morreu, depois
de pôr na cabeça uma coroa invisível e com o rosto
em expressão gloriosa. Quanto a Quincas Borba,
"adoeceu também, ganiu infinitamente, fugiu desvairado
em busca do dono, e amanheceu morto na rua,
três dias depois."
Sim, "ganiu infinitamente" porque, é claro, amava o dono,
como amara o anterior, que lhe dera seu nome. E como
amara os dois? Como todos amam – com a alma.
Se algum leitor está se "agravando" com isto...

Por lembrar os "agravamentos", paro um pouco
no capítulo CCI, que encerra a narração.
Nele, o autor diz que é provável que o leitor pergunte
se o nome do livro é dado devido ao filósofo demente
ou ao cachorro, do que escapa ele, o narrador, dizendo
que se trata de
"questão prenhe de questões, que nos levariam longe...",
irônica e sábia escapada...
E suas últimas palavras são estas, dirigidas ao leitor,
                                  [também densas
de exemplar ironia: "Eia! Chora os dois recentes mortos,
se tens lágrimas. Se só tens risos, ri-te! É a mesma cousa.
O Cruzeiro, que a linda Sofia não quis fitar, como lhe
                                       [pedia Rubião,
está assaz alto para não discernir os risos e as lágrimas
dos homens."

E eis que vem a também ilustre cachorra Baleia.
Já aparece na primeira página,
em companhia do menino mais velho, fechando
o grupo dos retirantes Fabiano, Sinha Vitória e
o menino mais novo, que vai "escanchado"
no quarto da mãe. Logo adiante, quando o menino
[mais velho
é carregado pelo pai, Baleia toma a frente do grupo.
Ia arqueada, as costelas à mostra, ofegando,
a língua fora da boca.
E de quando em quando se detinha,
esperando as pessoas, que se retardavam.
Como Quincas Borba, não abandonaria os seus donos,
sua família. Que esta é uma
das virtudes caninas: não abandonar
os seus, a família. Porque sim, ela era da família,
tinha alma,
"agrave-se" quem quiser.

E vamos ver, no mesmo capítulo, *Mudança*, sua grande
solidariedade familiar, pois, em dado momento,
sentiu cheiro de preás, farejou, localizou-os no morro
                                        [próximo
e correu. Os demais ficaram onde estavam, mal
                                        [conseguindo
divisar alguma esperança, amodorrando, quando foram
despertados por Baleia, que trazia na boca um preá.
E todos se levantaram gritando.
Não, Baleia não devorou a caça no mato. Estava
quase morta de fome, mas a família
também. Entregou
a comida de salvação e se pôs a aguardar a sua parte,
provavelmente os ossos e talvez o couro.
Solidária e generosa Baleia.
Sim, bem viva nela a
"outra cousa"...

No capítulo com seu nome, Sinha Vitória tinha
                              [amanhecido
"nos seus azeites". Que vida era aquela vida? Angustiada
com isto e aquilo, abanou o fogo. Então Baleia, que
                              [cochilava,
despertou e aprovou as estrelinhas vermelhas.
Maravilhou-se. Quis comemorar aquela beleza
com a dona, mas ela estava nos seus azeites
e só disse "arreda!", aplicando-lhe
um pontapé. A cachorra se afastou com,
segundo foi escrito,
"sentimentos revolucionários".

Esta passagem parece ter provocado
certos estranhamentos naqueles anos de 1930/40,
quando o que não faltava no país era gente falando
em revolução. Revolução da esquerda, da direita, dos
barões da terra, dos banqueiros, dos imbecis de modo geral
(e que faziam, estes, parte de todos esses grupos
e de outros,
porque, como diz o Eclesiastes, o número de imbecis
é infinito...). Assim, qual a intenção do autor
– ironizar os sentimentos revolucionários?
Logo ele,
também, à sua maneira, um revolucionário?
Por que estaria querendo desfazer
de tais legítimos sentimentos? Era, claro,
preocupação dos "agravados" de sempre,
que não percebiam a afirmação
do caráter de Baleia, que se sentira
injustiçada por aquele "arreda!" E, principalmente,
pelo pontapé. O caráter da fidelidade de esperar pelos
                                              [outros,
de trazer uma caça para matar a fome de todos,
trabalhar tomando conta dos animais,
proteger sempre a família, e, no caso,
de querer ser respeitada sobretudo quando
tentava prestar uma homenagem à sua dona.
Desta forma, resposta clara:
sentimentos revolucionários.
Mas sem latidos ou ameaças de retaliação
(embora,
como dito em *O menino mais velho*, às vezes sentisse,
sim, certo desejo de "morder canelas"), apenas
se afastando humilhada, embora com legítimos
"sentimentos revolucionários." Caráter é caráter.
Que nasce de "outra cousa"...

Ruy Espinheira Filho

E assim ia a vida até que Baleia começou
a se mostrar estranha, sempre de mal a pior.
Dando pena. Muita pena. Vendo-a nesse estado,
todos se preocuparam.
Fabiano em especial, imaginando que pudesse
estar com princípio de hidrofobia, amarrando-lhe
no pescoço um rosário de sabugos de milho queimados.
Infelizmente, porém, o milagroso rosário de sabugos
não funcionou. Baleia só piorava, em incômodos
visíveis, ralando-se nas cercas, com feridas na boca...
E, sempre pensando na hidrofobia,
Fabiano acabou se resolvendo por uma medida extrema.
Ela era da família e, sem dúvida, muito amada
mas havia o restante da família
que poderia ser vitimada
pela hidrofobia. Ah, o tempo de Baleia havia passado...
Havia passado... E ela sofria, sofria... Que se fosse
daquela triste vida,
antes que pudesse levar mais alguém.

Não seria fácil tarefa matar uma pessoa da família.
Fabiano pensou, encheu-se de coragem e comunicou
a necessidade a Sinha Vitória, que pegou os meninos
e se fechou na camarinha. Os dois já percebiam
que algo de ruim iria acontecer, pois haviam visto
movimentos de pólvora e chumbo da arma do pai
e logo suspeitaram de que Baleia poderia estar
correndo perigo. Ela era, sim, pessoa da família:
brincavam juntos os três, não havia diferença entre eles,
rebolavam na areia do rio, nos matos, por toda parte.
Então os meninos foram também tomados de
sentimentos revolucionários
e tentaram escapar.
Sinha Vitória reagiu,
levou-os para a cama,
segurando-os para que não fugissem nem escutassem
coisa alguma.
Não, não era nada fácil. E ela sofria também por Baleia.
Pobre da Baleia. Dava para ouvir o chumbo descendo
no cano da arma e a vareta batendo na bucha. Coitadinha
da Baleia. Os meninos não se conformavam.
Sinha Vitória teve que lutar, pois gritavam e esperneavam.

Nada fácil também para Fabiano. Já batia castanholas
com os dedos para atrair a cachorra. Não funcionou
e ele tentou açulá-la contra animais invisíveis,
gritando "Ecô! ecô!" O que também foi inútil.
Quando pensou no primeiro tiro, desistiu, não havia
boa posição. Na segunda vez atirou, acertando
os quartos de Baleia, que se pôs a latir em desespero.
Na camarinha, Sinha Vitória se apegava à Virgem Maria
e os meninos rolavam na cama chorando alto.
Fabiano recolheu-se.

Enquanto isso Baleia tentava fugir de alguma maneira,
mas logo sentiu faltar-lhe a perna traseira.
E um nevoeiro se adensava.
Depois foi chegando a escuridão,
certamente o Sol desaparecera.
Baleia ouviu os chocalhos das cabras tilintarem.
E se inquietou.
Estavam soltas na noite? Precisava conduzi-las
ao bebedouro e protegê-las das suçuaranas.
Pensava nos bichos, na família, lembrava que na cozinha
havia um lugar cálido e bom para descansar.
Sim, ela estava "lá dentro, lá muito ao fundo de outra
                                                    [cousa
que não sei como diga, para exprimir uma parte canina,
que não é a cauda nem as orelhas".
Sim, a "outra cousa" de Quincas, que também era dela.

Mas, antes que cheguemos ao fim de Baleia,
será bom adiantar um pouco o relato – porque, na
                                        [verdade,
ela não morreu naquele instante. Quincas Borba
morreu daquele jeito, morreu mesmo – porque já também
haviam morrido aqueles que poderiam recordá-lo
com a devida saudade.
Os gregos antigos tudo faziam
para que sua memória permanecesse viva nos homens,
porque a verdadeira morte é o esquecimento.
Enfim, não existiam mais nem o filósofo demente
nem o ainda mais demente Rubião. No entanto,
a morte de Quincas também não se cumpriu de verdade
– porque algum espírito misterioso
o recolheu em livro.
Assim, permanece vivo nos leitores, apesar
de todos os "agravantes". O que é muita coisa – mas
não consta que nenhum habitante humano do livro
tenha se dedicado à sua memória,
o que não acontece com Baleia. Que, por ser lembrada
por habitantes do seu livro
que sobreviveram à sua vida,
ainda prosseguiu após o passamento. Naqueles
que a guardavam em dor
e saudade.

Bem, Baleia morreu, todos sabem – e por isso mesmo
[lemos
que Fabiano, em *O mundo coberto de penas*, sofria,
pensando na cachorra. Coitadinha. Mas tivera que
[matá-la.
Porque ela estava doente e poderia morder os meninos.

Baleia estava morta e não estava morta. Pouco depois
do instante de que falávamos, Fabiano derruba,
a tiros, várias arribações
(que Sinha Vitória acusava
de serem responsáveis pela seca, pois bebiam
toda a água dos outros bichos e das plantas),
e pensa que se Baleia estivesse viva iria passar bem.
Coitadinha. Matara-a por causa da moléstia. Mas
se pergunta, suspirando:
e se tivesse cometido um erro?
Seu coração estava repleto de lembranças dela.

E então fugiam novamente da seca.
Pouco antes da fuga Sinha Vitória chorara,
no escuro, lembrando Baleia.
Mas agora falava de esperanças,
o que aos poucos ia encantando o marido com uma terra
em que chegariam e tudo seria melhor, muito melhor.
E Fabiano já acreditava nessa terra,
e repetia as palavras
de Sinha Vitória. E andavam para o Sul, metidos
naquele sonho. Metidos naquele sonho. Uma cidade
                                        [grande,
com os meninos em escolas, aprendendo
coisas. Eles dois velhinhos, acabando-se
como Baleia. Que iriam fazer? Retardaram-se, temerosos.
Chegariam a uma terra desconhecida e civilizada,
ficariam presos nela. E o sertão continuaria a mandar
gente como eles para lá.

Este é o fecho – e sempre a presença de Baleia.
Que já estava morta e estava com eles,
também como retirante. Mas o que antes acontecera?
O passamento da cachorra fora magistral.
Sonhando com um Fabiano enorme,
de quem lamberia as mãos,
com os meninos que se espojariam
com ela num pátio enorme,
num chiqueiro enorme,
num mundo cheio de preás gordos, enormes.

Quem, sendo cachorro, não amaria tal viagem?
Certamente Baleia partira de alma iluminada.
Quincas Borba não tivera tal sorte, pois
adoeceu, ganiu infinitamente,
fugiu desvairado em busca do dono, e amanheceu
morto na rua. Morto de fome,
fadiga e desespero de abandono, ganindo
"infinitamente"... Machado de Assis não teve
a piedade final de Graciliano Ramos...

Bem, disse há pouco
que Machado não teve a piedade final,
quanto a Quincas Borba, como teve Graciliano
em relação a Baleia. Mas isto porque
Machado não iria perder a oportunidade
de fustigar os humanos, como
costumava fazer. Assim, escreveu aquele fecho implacável:
"Eia!
Chora os dois recentes mortos, se tens lágrimas.
Se só tens risos, ri-te! É a mesma cousa.
O Cruzeiro, que a linda Sofia não quis fitar,
como lhe pedia Rubião, está assaz alto
para não discernir os risos e as lágrimas dos homens."

Sim, é a mesma coisa. Nada significando
para o alto Cruzeiro do Sul. Quanto à linda Sofia... Bem,
ela está lá, no livro, esperando por todos nós,
que a ela poderemos ir na companhia
de Quincas Borba
e, evidentemente – com as bênçãos
de Fabiano, Sinha Vitória e dos dois meninos –,
de Baleia também...

Bahia, 5/6 de outubro, ainda na pandemia de 2021.

Sobre o autor

DO AUTOR

POESIA

Poemas (com Antonio Brasileiro). Feira de Santana: Edições Cordel, 1973.

Heléboro. Apresentação de Antonio Brasileiro. Feira de Santana: Edições Cordel, 1974.

Julgado do vento. Apresentação de Mário da Silva Brito. Rio de Janeiro: Civilização Brasileira, 1979.

As sombras luminosas. Florianópolis: FCC Edições, 1981. Prêmio Nacional de Poesia Cruz e Sousa.

Morte secreta e poesia anterior. Rio de Janeiro: Philobiblion/INL, 1984.

A guerra do gato (infantil). Salvador: *Jornal da Bahia*, 1987. 2ª ed. Rio de Janeiro: Bertrand Brasil, 2005. Selecionado pelo programa Minha Biblioteca, da Câmara Brasileira do Livro e do Governo de São Paulo.

A canção de Beatriz e outros poemas. Apresentação de Olga Savary. São Paulo: Brasiliense/Jornal da Bahia, 1990.

Antologia breve. Apresentação de Jayro José Xavier. Rio de Janeiro: Universidade do Estado do Rio de Janeiro (col. *Poesia na UERJ*), 1995.

Antologia poética. Salvador: Copene/Fundação Casa de Jorge Amado, 1996.

Memória da chuva. Apresentação de Alexei Bueno e introdução de Paulo Henriques Britto. Rio de Janeiro: Nova Fronteira, 1996; 3ª impressão, 1999. Finalista do Prêmio Nestlé de Literatura Brasileira e do Prêmio Jabuti, ambos em 1997; Prêmio Ribeiro Couto – União Brasileira de Escritores/RJ, 1998.

Livro de sonetos. Feira de Santana: Edições Cordel, Coleção Poiuy, 1998.

Poesia reunida e inéditos. Apresentação de Alexei Bueno. Rio de Janeiro: Record, 2ª ed., 1998.

A INVENÇÃO DA POESIA | 225

Livro de sonetos. 2ª ed. revista, ampliada e ilustrada por Itamar Espinheira. Apresentação de André Seffrin e Miguel Sanches Neto. Salvador: Edições Cidade da Bahia/Capitania dos Peixes, 2000.

A cidade e os sonhos/Livro de sonetos. Apresentação de Aleilton Fonseca. Salvador: Edições Cidade da Bahia/Fundação Gregório de Matos, 2003.

Elegia de agosto e outros poemas. Apresentação de Miguel Sanches Neto e ensaio de Ivan Junqueira: *O lirismo elegíaco de Ruy Espinheira Filho*. Rio de Janeiro: Bertrand Brasil, 2005. Prêmio Academia Brasileira de Letras de Poesia, 2006. No mesmo ano, Prêmio Jabuti (2º lugar), da Câmara Brasileira do Livro, e Menção Especial do Prêmio Cassiano Ricardo – UBE/RJ.

Romance do sapo seco: uma história de assombros. Salvador: Edições Cidade da Bahia, 2005.

A guerra do gato (infantil). Bertrand Brasil, 2006. Selecionado pelo programa Minha Biblioteca, da Câmara Brasileira do Livro e do Governo de São Paulo.

Sob o céu de Samarcanda. Apresentação de Marco Lucchesi. Rio de Janeiro/Brasília: Bertrand Brasil/FBN, 2009. Finalista do Prêmio Jabuti e indicado ao Prêmio Portugal Telecom, 2010.

Livro de canções. Salvador: P55, 2011.

Melhores poemas. Direção de Edla Van Steen, seleção e ensaio introdutório de Sérgio Martagão Gesteira. São Paulo: Global, 2011.

Viagem e outros poemas. Salvador: P55, 2011.

A casa dos nove pinheiros. São Paulo: Dobra Editorial, 2012. Indicado ao Prêmio Portugal Telecom 2013.

Estação infinita e outras estações – poesia reunida. Apresentação de Miguel Sanches Neto. Rio de Janeiro: Bertrand Brasil, 2012.

O pai – edição artística do poema homônimo, feita por Edson Guedes de Morais. Jaboatão dos Guararapes: Editora Guararapes-EGM, 2014.

Para onde vamos é sempre ontem, antologia. Organização de Leo Cunha. Curitiba: Positivo, 2014. Selecionado, pela Fundação Nacional do Livro

Infantil e Juvenil (FNLIJ), entre os melhores livros publicados no Brasil em 2014, participando do catálogo da Feira do Livro de Bologna 2015 e incluído no acervo básico da FNLIJ.

Poemas de amor & morte. Apresentação de Florisvaldo Mattos. Coleção Mestres da Literatura Baiana. Academia de Letras da Bahia/Assembleia Legislativa da Bahia. P55, 2015.

Noite alta & outros poemas. São Paulo: Patuá, 2015.

Milênios & outros poemas. Apresentação de Alexei Bueno. São Paulo: Patuá, 2016.

Babilônia & outros poemas. São Paulo: Patuá, 2017. Finalista do Prêmio Rio de Literatura em 2018.

Nova antologia poética. Apresentação de André Caramuru Aubert. São Paulo: Patuá, 2018.

Uma história do Paraíso & outros poemas. São Paulo: Patuá, 2019.

Campo de Eros & outros poemas de amor. Salvador: Caramurê, 2019.

Sonetos reunidos & inéditos – 1975-2020. Apresentações de André Seffrin e Miguel Sanches Neto. São Paulo: Patuá, 2020.

Trinta Sonetos. Seleção de Edson Guedes de Morais. Jaboatão dos Guararapes: Editora Guararapes-EGM, 2020.

Para onde vamos é sempre ontem. Edição definitiva. Curitiba: Maralto, 2022.

FICÇÃO

Sob o último sol de fevereiro (crônicas). Rio de Janeiro: Civilização Brasileira, 1975.

O vento no tamarindeiro (contos). Rio de Janeiro: Codecri, 1981.

Ângelo Sobral desce aos infernos (romance). Rio de Janeiro: Philobiblion/ Fundação Rio, 1986. Prêmio Rio de Literatura (2º lugar), 1985.

O rei Artur vai à guerra (novela). São Paulo: Contexto. Finalista do Prêmio Bienal Nestlé, 1986.

O fantasma da delegacia (novela). São Paulo: Contexto, 1988; 2ª ed. 1989.

Os quatro mosqueteiros eram três (novela). São Paulo: Contexto, 1989.

Últimos tempos heroicos em Manacá da Serra (romance). Belo Horizonte: Oficina de Livros, 1991.

Um rio corre na Lua (romance). Belo Horizonte, Leitura, 2007. Indicado ao Prêmio Portugal Telecom 2008.

De paixões e de vampiros: uma história do tempo da Era (romance). Reedição de *Últimos tempos heroicos em Manacá da Serra.* Rio de Janeiro: Bertrand Brasil, 2008. Indicado ao Prêmio Portugal Telecom, 2009.

Andrômeda e outros contos. Salvador: Caramurê/Banco Capital, 2011.

O sonho dos anjos (contos reunidos & inéditos). Salvador: Caramurê, 2014.

O príncipe das nuvens – uma história de amor (romance). Carta-prefácio de Carlos Barbosa. São Paulo: Descaminhos, 2016.

Uma alegria na família & outras crônicas. Salvador: Caramurê, 2016.

Os milagres de Madame Jurema & outras crônicas. Salvador: Caramurê, 2017.

O rei Artur vai à guerra. Curitiba: Positivo, 2019. Edição definitiva – Curitiba: Maralto, 2021.

Um rio corre na Lua. Edição definitiva. Curitiba: Maralto 2022.

Para onde vamos é sempre ontem. Edição definitiva. Curitiba: Maralto 2022.

ENSAIO

O nordeste e o negro na poesia de Jorge de Lima. Salvador: Fundação das Artes/Empresa Gráfica da Bahia, 1990.

Tumulto de amor e outros tumultos — criação e arte em Mário de Andrade. Rio de Janeiro: Record, 2001. Finalista do Prêmio Jabuti, 2002.

Forma e alumbramento — poética e poesia em Manuel Bandeira. Rio de Janeiro: José Olympio/Academia Brasileira de Letras, 2004.

EM ANTOLOGIAS

25 poetas/Bahia/de 1633 a 1968. Salvador: Atelier Planejamento Gráfico/ Desc, 1968.

Breve romanceiro do Natal. Salvador: Editora Beneditina Ltda., 1972.

Contos jovens (nº4). São Paulo: Brasiliense, 1974.

Carne viva — 1ª Antologia Brasileira de Poemas Eróticos. Organização de Olga Savary. Rio de Janeiro: Anima, 1984.

Artes e ofícios da poesia. Organização de Augusto Massi. São Paulo/Porto Alegre: Secretaria Municipal de Cultura do Município de São Paulo/Artes e Ofícios, 1991.

Sincretismo — a poesia da geração 60, introdução e antologia. Organização e introdução de Pedro Lyra. Rio de Janeiro: Topbooks, 1995.

O conto baiano contemporâneo. Organização de Valdomiro Santana. Salvador: EGBA/Secretaria da Cultura e Turismo, 1995.

A poesia baiana no século XX (Antologia). Organização, introdução e notas de Assis Brasil. Salvador/Rio de Janeiro: Fundação Cultural do Estado da Bahia/Imago, 1999.

Vozes poéticas da lusofonia. Seleção de textos de Luís Carlos Patraquim. Sintra: Câmara Municipal de Sintra/Instituto Camões, 1999.

18+1 poètes contemporains de langue portugaise (édition bilingue). Seleção de Nuno Júdice, Jorge Maximino e Pierre Rivas; traduções de Isabel Meyrelles, Annick Moreau e Michel Riaudel. Paris: Instituto Camões/ Chandeigne, 2000.

Antologia de poetas brasileiros. Seleção e coordenação de Mariazinha Congílio. Lisboa: Universitária Editora, 2000.

A paixão premeditada – poesia da geração 60 na Bahia. Seleção, organização, introdução e notas de Simone Lopes Pontes Tavares. Salvador: Fundação Cultural do estado da Bahia/Imago, 2000.

Antologia de poesia contemporânea brasileira. Organização de Álvaro Alves de Faria. Coimbra: Alma Azul/Ministério da Cultura/Instituto Português do Livro e das Bibliotecas, 2000.

O conto em vinte e cinco baianos. Organização, prefácio e notas de Cyro de Mattos. Itabuna: Editus, Coleção Nordestina, 2000.

Os cem melhores poetas brasileiros do século. Seleção de José Nêumanne Pinto. São Paulo: Geração Editorial, 2001.

Os cem melhores poemas brasileiros do século. Organização, introdução e referências bibliográficas de Italo Moriconi. Rio de Janeiro: Objetiva, 2001.

Poetas da Bahia — Século XVII ao Século XX. Organização de Ildásio Tavares, notas biobibliográficas de Simone Lopes Pontes Tavares. Rio de Janeiro: Imago/FBN, 2001.

100 anos de poesia – um panorama da poesia brasileira no século XX. 2 v. Organização de Claufe Rodrigues e Alexandra Maia. Rio de Janeiro: O Verso Edições, 2001.

Antologia da poesia brasileira/antologia de la poesia brasileña. Organização e introdução de Xosé Lois García. Santiago de Compostela: Edicións Laiovento, 2001.

Poesia brasileira do século XX – dos modernos à actualidade. Seleção, introdução e notas de Jorge Henrique Bastos. Lisboa: Antígona, 2002.

Poesia straniera – portoghese e brasiliana. Organização de Luciana Stegagno Picchio. Roma: Grupo Editoriale L'Espresso S.p.A., 2004.

Poesia brasileira hoxe. Introdução e organização de Alexei Bueno. Santiago de Compostela: Danú Editorial, 2004.

El mundo al outro lado (Ochenta fotografias para ochenta poetas). Espanha: Junta de Castilla y León, 2004.

Antologia panorâmica do conto baiano – século XX. Organização e introdução de Gerana Damulakis. Coleção Nordestina. Ilhéus: Editus, 2004.

Os rumos do vento/Los rumbos del viento (Antologia de poesia). Coordenação de Alfredo Pérez Alencart e Pedro Salvado. Salamanca: Câmara Municipal do Fundão/Trilce Ediciones, 2005.

Quartas histórias – contos baseados em narrativas de Guimarães Rosa. Organização de Rinaldo de Fernandes. Rio de Janeiro: Garamond, 2006.

Ficção – histórias para o prazer da leitura. Organização e introdução de Miguel Sanches Neto. Belo Horizonte: Editora Leitura, 2007.

Contos para ler no bar. Organização e introdução de Miguel Sanches Neto. Rio de Janeiro: Record, 2007.

Roteiro da poesia brasileira – anos 70. Seleção e prefácio de Afonso Henriques Neto. São Paulo: Global, 2009.

Traversée d'Océanos/ voix poétiques de Bretagne et de Bahia – Travessia de oceanos/vozes poéticas da Bretanha e da Bahia. Paris: Éditions Lanore, traduções de Dominique Stoenesco, 2012.

DiVersos 19. Águas Santas: Edições Sempre-Em-Pé, 2013.

A poesia é necessária. Poemas publicados por Rubem Braga. Seleção e organização de André Seffrin. São Paulo: Global, 2015.

Histórias dos mares da Bahia. Coleção nordestina. Organização, prefácio e notas de Cyro de Mattos. Ilhéus: Editus, 2016.

Tudo no mínimo – antologia do miniconto na Bahia, organização de Roberval Pereyr e Aleilton Fonseca. Feira de Santana: Mondrongo, 2018.

XXII Antologia poética de diversos autores. Volta Redonda: PoeArt Editora, 2020.

Poemas de amor. Coleção Clássicos de Ouro. Seleção e organização de Walmir Ayala. Edição revista e atualizada por André Seffrin. Rio de Janeiro: Nova Fronteira, 2021.

Revolta e protesto na poesia brasileira – 142 poemas sobre o Brasil. Organização de André Seffrin. Rio de Janeiro: Nova Fronteira, 2021.

Nome de mulher. Antologia de contos. Organização de Gerana Damulakis. Datado de 2018 e publicado em 2022. Ilhéus: Editus, 2022.

Tudo é sempre despedida – 50 poetas brasileiros contemporâneos. Poesia I Filhos do Vento 22. Organização de Mbate Pedro. Moçambique, 2022.

CRONOLOGIA DA VIDA E DA OBRA DE RUY ESPINHEIRA FILHO

1942 – Nasce, em 12 de dezembro, em Salvador, BA, Ruy (Alberto d'Assis) Espinheira Filho, primogênito de Ruy Alberto de Assis Espinheira, advogado – filho de Antonio Coimbra Espinheira, cirurgião-dentista, e Waldomira de Assis Batista Espinheira, professora –, e de Iracema D'Andrea Espinheira, filha de Giuseppe D'Andrea e Matilde Sarno D'Andrea, imigrantes italianos de 1914.

1945 – A família se muda para Poções, no sudoeste baiano, onde o poeta passará a infância. É alfabetizado em casa, pela mãe.

1955/1960 – Cursa irregularmente o Ginásio, primeiro no internato do Ginásio de Jequié, até 1956, depois no externato e, finalmente, no Colégio Estadual de Jequié, onde, em 1960, conclui o curso, sendo o orador da turma.

1961 – Matricula-se no Curso Clássico do Colégio Central da Bahia, em Salvador.

1964 – Também cursa irregularmente o CC. Afasta-se por alguns meses do Colégio devido ao golpe militar.

1965 – Presta exame do Art. 99, depois Supletivo.

1966 – Inicia o curso de Direito na Universidade Federal da Bahia.

1968 – Participação em *25 poetas/Bahia/de 1633 a 1968*.

1969 – Começa a colaborar como cronista diário da *Tribuna da Bahia*. Recebe o prêmio de poesia do concurso literário da Universidade Federal da Bahia, para estudantes. Abandona a Curso de Direito.

1970 – Faz vestibular para o Curso de Jornalismo, na UFBA. Recebe o prêmio de poesia do mesmo concurso.

1972 – Novamente o prêmio de poesia. Trabalha como copidesque na *Tribuna da Bahia*, depois como subeditor de Cidade e, mais tarde, convidado por João Ubaldo Ribeiro, editor-chefe, passa a ser editor de Reportagem Geral. Participação no *Breve romanceiro do Natal*.

1973 – Participando, ainda no concurso da UFBA, com nova coletânea de poemas e um ensaio (sobre Manuel Bandeira), ganha os dois prêmios. O Quinteto Violado grava "Minha Ciranda", no disco *Berra-boi*, letra para música de Perna Fróes. Publica *Poemas*, com Antonio Brasileiro, e conclui o curso de Jornalismo.

1974 – Inicia o Mestrado em Ciências Humanas, também na UFBA, e publica seu primeiro livro individual de poemas, *Heléboro*. Texto incluído no nº 4 de *Contos jovens*.

1975 – Publica *Sob o último sol de fevereiro*.

1976 – A convite de Jaguar, passa a ser correspondente do *Pasquim* na Bahia. Demite-se da *Tribuna da Bahia*. Começa a ensinar, como professor colaborador, no Departamento de Jornalismo da UFBA.

1977 – Menção honrosa no Prêmio Fernando Chinaglia, da UBE-RJ.

1978 – Torna-se correspondente da revista *Ficção*.

1979 – Faz concurso para se efetivar na UFBA, sendo aprovado em 1º lugar, e publica *Julgado do vento*. É gravada por Joanna, no LP *Nascente*, a composição "Pelos caminhos de abril", letra para música de Perna Fróes.

1980 – Nasce a filha, Matilde.

1981 – Concorrendo com 2.300 poetas, conquista o Prêmio Nacional de Poesia Cruz e Sousa, de Santa Catarina, com *As sombras luminosas*, que lança no mesmo ano. Publica *O vento no tamarindeiro*.

1981/1982 – Novamente nas funções de copidesque, é demitido ao se recusar a trabalhar por não ter recebido o salário das férias. Deixa de escrever a crônica, que nos últimos anos passara a sair três vezes por semana, afastando-se definitivamente do jornal.

1983 – Nasce o filho, Mario. Torna-se cronista diário do *Jornal da Bahia*.

1984 – *Morte secreta e poesia anterior*. Participação na antologia *Carne viva – 1ª antologia brasileira de poemas eróticos*, organizada por Olga Savary.

1985 – Recebe o Prêmio Rio de Literatura (2º lugar), com o romance *Ângelo Sobral desce aos infernos*.

1986 – Morte do pai. Sai o livro premiado.

1987 – Publica *A guerra do gato* (Editora Jornal da Bahia, ilustrações de Rogério Blat, republicado em 2005 pela Bertrand Brasil, ilustrações de Raul Fernandes) e *O rei Artur vai à guerra* (finalista do Prêmio Bienal Nestlé, 1986).

1988 – *O fantasma da delegacia*.

1989 – Publica *Os quatro mosqueteiros eram três*. Assume a direção da Faculdade de Comunicação.

1990 – Publica *O nordeste e o negro na poesia de Jorge de Lima* (dissertação do Mestrado) e *A canção de Beatriz e outros poemas*.

1991 – Publica *Últimos tempos heroicos em Manacá da Serra* (em 2008 republicado, pela Bertrand Brasil, como *De paixões e de vampiros: uma história do tempo da Era*). Participação na antologia *Artes e ofícios da poesia*.

1993 – Publica poemas na revista *Poesia sempre* (ano 1, nº 2), da Fundação Biblioteca Nacional.

1994 – Transfere-se para o Instituto de Letras da UFBA, Departamento de Letras Vernáculas.

1995 – Publica *Antologia breve*. Inicia o doutorado em Letras. Participação em *Sincretismo – a poesia da geração 60, introdução e antologia*, organização de Pedro Lyra, e em *O conto baiano contemporâneo*, organização de Valdomiro Santana.

1996 – Publica *Antologia poética* e *Memória da chuva* (finalista, o segundo, do Prêmio Nestlé de Literatura Brasileira e do Prêmio Jabuti, ambos em 1997; Prêmio Ribeiro Couto, da UBE-RJ, 1998). Homenageado em São Paulo, na Biblioteca Mário de Andrade, por indicação de Cláudio Willer, tendo o poeta e crítico Ivan Junqueira lido a palestra *O lirismo elegíaco de Ruy Espinheira Filho*, depois (1998) incluída em seu livro *O fio de dédalo* e, em 2005, na abertura de *Elegia de agosto e outros poemas*, do homenageado. O poema "Marinha" é musicado por Walter Queiroz e gravado por Márcia Short no CD *Grão*.

A INVENÇÃO DA POESIA | 235

1997 – Posfácio de *Os pareceres do tempo,* de Herberto Sales (Civilização Brasileira, edição comemorativa dos 80 anos do autor). É convidado a ser um dos fundadores da Academia de Letras de Jequié, passando a ocupar a cadeira 10. Participação em *Cem anos de poesia e prosa* (da Academia de Letras de Jequié, organização de Dermival Rios).

1998 – Publica *Livro de sonetos* e *Poesia reunida e inéditos.* É eleito um dos 20 poetas contemporâneos mais importantes do Brasil, em consulta, promovida pela Fundação Biblioteca Nacional, a escritores, críticos, professores e jornalistas de Cultura de todo o país.

1999 – Recebe o título de doutor *honoris causa* da Universidade Estadual do Sudoeste da Bahia (UESB), por indicação de Aleilton Fonseca. Participação em *A poesia baiana no século XX,* seleção de Assis Brasil e *Vozes poéticas da Lusofonia* (Portugal), seleção de Luís Carlos Patraquim. Em CD, o poema "História", leitura de Maria Barroso. *Vozes poéticas da lusofonia.* Sintra: Gravisom. Publica poemas na revista *Poesia sempre* (ano 7, nº 11), da Fundação Biblioteca Nacional.

2000 – Publica *Livro de sonetos* (2ª ed. rev. ampliada e ilustrada por Itamar Espinheira, apresentações de André Seffrin e Miguel Sanches Neto). É eleito, por unanimidade, para a Academia de Letras da Bahia, passando a ocupar a cadeira 17. Participação em *18 + 1 poètes contemporains de langue portugaise, édition bilingue,* (França), seleção de Nuno Júdice, Jorge Maximino e Pierre Rivas, traduções de D'Isabel Meirelles, Annice Moreau e Michel Riaudel, na *Antologia de poetas brasileiros* (Portugal), seleção e coordenação de Mariazinha Congílio, e na *Antologia de poesia contemporânea brasileira* (Portugal), organização de Álvaro Alves de Faria, *A paixão premeditada – poesia da geração 60 na Bahia,* organização de Simone Lopes Pontes Tavares, e *O conto em vinte e cinco baianos,* organização de Cyro de Mattos.

2001 – Publica *Tumulto de amor e outros tumultos – criação e arte em Mário de Andrade* (finalista do Prêmio Jabuti, 2002; tese do Doutorado, defendida em 1999). Sai o CD *Poemas –* com 48 composições gravadas pelo autor. Participação em *Os cem melhores poetas brasileiros do século,* seleção de José Nêumanne Pinto, *Os cem melhores poemas brasileiros do século,* organização de Italo Moriconi, *Poetas da Bahia – Século XVII ao Século XX,* organização de Ildásio Tavares, *100 anos de poesia – um panorama da poesia brasileira no século XX*, organização de Claufe Rodrigues e Alexandra Maia, e *Antologia da poesia brasileira/antologia de la poesia brasileña* (Galícia), organização de Xosé Lois García. Participação na antologia *A Sosígenes, com afeto,* organização de Hélio Pólvora.

2002 – Prefácios de *A falta que ama* e *A vida passada a limpo,* de Carlos Drummond de Andrade (Record). Recebe o título de Cidadão Jequieense. Participação em *Poesia brasileira do século XX – dos modernos à actualidade* (Portugal), seleção, introdução e notas de Jorge Henrique Bastos. Participação no projeto Mostra Sul da Poesia Latino-Americana, do Centro Cultural Banco do Brasil, direção de Suzana Vargas, com leitura de poemas no Rio, em Brasília e em São Paulo, entre 19 e 21 de junho.

2003 – Publica *A cidade e os sonhos/Livro de sonetos.* Homenageado como "Poeta e nome da turma" pelos formandos em Letras 2003.2 da UFBA.

2004 – Publica *Forma e alumbramento – poética e poesia em Manuel Bandeira.* A convite do Pen Club da Galícia, vai a encontro de escritores hispânicos, portugueses e brasileiros em Santiago de Compostela, participando da antologia *Poesia brasileira hoxe,* organizada por Alexei Bueno, de *Poesia straniera – portoghese e brasiliana* (Itália), organizada por Luciana Stegagno Picchio, de *El mundo al otro lado (Ochenta fotografias para ochenta poetas)* (Espanha), Eduardo Margareto, edição e Prólogo de Alfredo Pérez Alencart e da *Antologia panorâmica do conto baiano,* organizada por Gerana Damulakis.

2005 – Posfácio de *Linhas tortas,* de Graciliano Ramos (Record, 21ª ed.). Publica *Romance do sapo seco – uma história de assombros.* É nomeado, por Muniz Sodré, presidente da Fundação Biblioteca Nacional, editor adjunto da revista *Poesia sempre,* função que desempenha até 2010, trabalhando com o editor, Marco Lucchesi. Nome de prêmio literário da Universidade Estadual de Feira de Santana. Participação em *Os rumos do vento/Los rumbos del viento,* antologia de poesia (Espanha e Portugal), organização de Alfredo Pérez Alencart e Pedro Salvado. Publica *Elegia de agosto e outros poemas* e a 2ª edição de *A guerra do gato* (Bertrand Brasil).

2006 – Morte da mãe. Recebe, por *Elegia de agosto e outros poemas,* o Prêmio de Poesia da Academia Brasileira de Letras, o Prêmio Jabuti (2º lugar) e Menção Especial do Prêmio Cassiano Ricardo, da UBE-RJ. Agraciado com a placa de "Personalidade cultural" pelo Conselho Estadual de

Cultura da Bahia. Homenageado do projeto O Escritor e seus Múltiplos, do Departamento de Letras Vernáculas do Instituto de Letras da UFBA. Nome de concurso literário em Jequié. Participação em *Quartas histórias – contos baseados em narrativas de João Guimarães Rosa* e *Voix Croisées – Brésil – France* (França), *Poesie d'ajourd'hui, hors-série nº 5*.

2007 – Representa a literatura brasileira na Feira do Livro de Frankfurt, enviado pela Fundação Biblioteca Nacional. Inicia colaboração quinzenal, como articulista, do jornal *A Tarde*. Sai *Um rio corre na Lua* (indicado ao Prêmio Portugal Telecom em 2008). Participa de *Ficção – histórias para o prazer da leitura* e *Contos para ler no bar*, organização de Miguel Sanches Neto, e *Geopoemas*, organização de Luiz Angélico da Costa.

2008 – Publica *De paixões e de vampiros: uma história do tempo da Era* (indicado ao Prêmio Portugal Telecom em 2009). Preside, em Lisboa, o júri do Prêmio Camões, concedido a João Ubaldo Ribeiro.

2009 – Morte do irmão Gey (Carlos Geraldo D'Andrea Espinheira), sociólogo, professor e ficcionista, autor de ensaios como *Divergência e prostituição* (Dissertação de Mestrado em Ciências Sociais), *Mal-estar na racionalidade – os limites do indivíduo na medicina e na religião* (Tese de Doutorado) e literatura: *Ruínas, cinzas e recordações* (contos) e *O relógio da torre* (romance, vencedor do Prêmio Literário Bahia de Todas as Letras, da Universidade Estadual de Santa Cruz – BA); detentor de menção honrosa do Prêmio Jaime Wright de Direitos Humanos de 2005 e do Prêmio Cidadão Benemérito da Liberdade e da Justiça Social João Mangabeira (*post mortem*, 2014). Participa, no Rio de Janeiro, do júri do Prêmio Camões, concedido a Armênio Vieira. Prefácio de *Cascalho,* de Herberto Sales (Salvador: Ponte da memória/Assembleia Legislativa da Bahia). Publica *Sob o céu de Samarcanda*. É nome do Concurso Literário do Colégio Módulo (Salvador). Professor homenageado da turma 2009.2 do Departamento de Letras Vernáculas do Instituto de Letras da UFBA.

2010 – Aposenta-se como professor-associado de Literatura Brasileira do Departamento de Letras Vernáculas do Instituto de Letras da Universidade Federal da Bahia. Participa de *O prisma das muitas cores* (poesia, Portugal), organização de Victor Matheus. *Sob o céu de Samarcanda* é finalista do Jabuti e indicado ao Prêmio Portugal Telecom. Tendo sua mulher, Maria da Paixão, como guia, faz um giro europeu – Paris/Roma/Nápoles/

Pompeia/Capri e Anacapri/Atenas/Delfos/Veneza/novamente Paris –, do qual se originam, à exceção do primeiro, os poemas de *Viagem*. Recebe, na Academia de Letras da Bahia, a medalha comemorativa Arlindo Fragoso (fundador da ALB).

2011 – Organiza a *Antologia poética* de Affonso Manta. Publica *Livro de canções & inéditos*, *Viagem & outros poemas* e *Andrômeda e outros contos*. Escolhido paraninfo da turma 2011.1 do Departamento de Letras Vernáculas do Instituto de Letras da UFBA. Por indicação do conselheiro Washington Queiroz, do Conselho Estadual de Cultura, homenagem, pelo conjunto de obra, da Fundação Pedro Calmon, que instala o Espaço Ruy Espinheira Filho na 10ª Bienal do Livro da Bahia. No CD *Canções de depois de tanto*, participa com três poemas – "Soneto da lua antiga", "Canção matinal" e "Praça da liberdade" – musicados e interpretados por Durval Burgos, e uma letra, "História sem fim", com música e interpretação de Bráulio Barral. Sai, pela Global, antologia na série *Melhores poemas*, com direção de Edla Van Steen e seleção e ensaio introdutório de Sérgio Martagão Gesteira.

2012 – Convidado para integrar o júri inicial da 10ª edição do Prêmio Portugal Telecom e a falar sobre poesia na FLICA – Festa Literária Internacional de Cachoeira (BA). Publica *A casa dos nove pinheiros* (poemas de 2009 a 2012) e *Estação infinita e outras estações* (poesia reunida). Poemas em *Traversée d'océans/Travessia de oceanos – Voix poétiques de Bretagne et de Bahia/Vozes poéticas da Bretanha e da Bahia/Édition Bilingue. Traductions de Dominique Stoenesco*. Paris: Éditions Lanote, 2012. Na Academia de Letras da Bahia, homenageado, nos dias 27, 28 e 29 de novembro, no seminário *Ruy Espinheira Filho – tempo e poesia*, com direção de Evelina Hoisel e participação de acadêmicos, professores e estudantes da Universidade Federal da Bahia e Universidade Estadual de Feira de Santana, além de escritores de fora, como Miguel Sanches Neto e Iacyr Anderson Freitas.

2013 – *A casa dos nove pinheiros* é indicado ao Prêmio Portugal Telecom. Escreve, por encomenda da Global, "*Lira dos cinquent'anos: maturidade e juventude*, para o volume *Lira dos cinquent'anos*, da coleção de obras de Manuel Bandeira, organizada por André Seffrin. Participação na antologia *DiVersos – poesia e tradução* (número 19. Águas Santas: Edições-Sempre-Em-Pé). Três poemas incluídos, em tradução de Elizabeth Lowe, na *Malpaís Review* (Vol. 4, N. 1, Summer 2013. Placitas, New Mexico, USA).

A INVENÇÃO DA POESIA | 239

2014 – Edson Guedes de Morais tira uma limitada edição artística do poema *O pai*. Jaboatão dos Guararapes (PE): Editora Guararapes-EGM. Sai, pela Editora Giostri, a edição revista de *Ângelo Sobral desce aos infernos*. Publicada a antologia *Para onde vamos é sempre ontem*. Organização a apresentação de Leo Cunha. Curitiba: Positivo. Abordando o tema *O papel do escritor*, abre o 1º. Encontro de Escritores de Jequié e Região. Publicado *O sonho dos anjos – contos reunidos & inéditos*. Salvador: Caramurê. Morte do irmão Paulo Jorge D'Andrea Espinheira, geólogo e professor da UFBA.

2015 – Morte do irmão Tuna (José Antonio D'Andrea Espinheira), cineasta, vencedor de inúmeros prêmios com documentários como *A Mulher marginalizada, Viva o 2 de Julho – a Festa de Independência na Bahia, Major Cosme de Farias – último deus da mitologia baiana, Dr. Heráclito Fontoura Sobral Pinto, Luiz Gonzaga, O rei do baião, Comunidade do Maciel – há uma gota de sangue em cada poema, Bahia de todos os exus*, e o longa-metragem *Cascalho*, este a partir do romance homônimo de Herberto Sales. *Para onde vamos é sempre ontem* é selecionado, pela Fundação Nacional do Livro Infantil e Juvenil (FNLIJ), entre os melhores publicados no Brasil em 2014, participando do catálogo da Feira do Livro de Bologna e, pela mesma FNLIJ, selecionado para o seu acervo básico entre as publicações de 2014. O conto "Estrondos" sai na *Revista Brasileira*, da Academia Brasileira de Letras, Ano IV, n. 82. Publicação de *Poemas de amor e morte (antologia & inéditos)*. Apresentação de Florisvaldo Mattos. Salvador: P55 – Academia de Letras da Bahia/Assembleia Legislativa do Estado da Bahia, coleção Mestres da Literatura Baiana. Publicação de *Noite alta & outros poemas*. São Paulo: Patuá. Participação na Feira do Livro do Nordeste, Fenelivro, Recife. Poema "Nesta varanda" incluído em *A poesia é necessária*, de Rubem Braga, seleção e organização de André Seffrin (São Paulo: Global).

2016 – Publicação do romance *O príncipe das nuvens – uma história de amor* (São Paulo: Descaminhos), com apresentação de Carlos Barbosa, *Milênios & outros poemas* (São Paulo: Patuá), com apresentação de Alexei Bueno, *Uma alegria na família e outras crônicas* (Salvador: Caramurê). Participação, com o texto "Na ilha", do volume *Histórias dos mares da Bahia*, organizado por Cyro de Mattos (Ilhéus: Editus).

2017 – Publicação de *Babilônia & outros poemas* (São Paulo: Patuá). Autor Homenageado da Festa Literária Internacional de Cachoeira (BA),

FLICA. Lançamento de *Os milagres de Madame Jurema & outras crônicas* (Salvador: Caramurê).

2018 – Participação no volume de *Tudo no mínimo – antologia do miniconto na Bahia*, organização de Roberval Pereyr e Aleilton Fonseca. Salvador: Editora Mondrongo. Sai a *Nova antologia poética*. Apresentação de André Caramuru Aubert. São Paulo: Patuá. Finalista do Prêmio Rio de Literatura, 2017/2018, com *Babilônia & outros poemas*.

2019 – Publicação de *Uma história do Paraíso & outros poemas* (São Paulo: Patuá). Reedição de *O rei Artur vai à guerra* (Curitiba: Positivo).

2020 – Publicação de *Sonetos reunidos & inéditos (1975/2020)* (São Paulo: Patuá). Autor homenageado na Vozes de Aço, da PoeArt Editora. *XXII antologia poética*. Volta Redonda, RJ. *Trinta sonetos*. Organização de Edson Guedes de Morais. Jaboatão: Editora Guararapes-EGM, 2020.

2021 – *O rei Artur vai à guerra*. Edição definitiva. Curitiba: Maralto. *Poemas de amor*. Coleção Clássicos de Ouro. Seleção e organização de Walmir Ayala. Edição revista e atualizada por André Seffrin. Rio de Janeiro: Nova Fronteira, 2021. *Revolta e protesto na poesia brasileira – 142 poemas sobre o Brasil*. Organização de André Seffrin. Rio de Janeiro: Nova Fronteira, 2021.

2022 – *Tudo é sempre despedida – 50 poetas brasileiros contemporâneos*. Poesia I Filhos do Vento 22. Organização de Mbate Pedro. Moçambique, 2022. *Um rio corre na Lua*. Edição definitiva. Curitiba: Maralto Edições.

SOBRE O AUTOR

AMADO, Jorge. Compre poesia, tão essencial quanto o pão. In: *Bahia de todos os santos – guia de ruas e mistérios*. Rio de Janeiro: Record, 1977.

AUBERT, André Caramuru. A poesia de Ruy Espinheira Filho. Apresentação de *Nova antologia poética*. São Paulo: Patuá, 2018.

BARBOSA, Carlos. Carta-prefácio do romance *O príncipe das nuvens – uma história de amor*. São Paulo: Descaminhos, 2016.

BARBOSA, Hildeberto. Esse tesouro de ausências. *O Norte*, João Pessoa, PB, 02/08/1998.

_____. *A essencialidade perceptiva das coisas. A União*, suplemento "Ideias". João Pessoa, PB, 28 e 29 de junho de 2001.

BRASILEIRO, Antonio. Um prefácio de Antonio Brasileiro. In: *Heléboro*. Salvador: Edições Cordel, 1974. Republicado em *Julgado do vento* (Rio de Janeiro: Civilização Brasileira, 1979) e *Morte secreta e poesia anterior* (Rio de Janeiro: Philobiblion, 1984).

_____. Densidade e leveza. *Poesia Sempre*, Rio de Janeiro: nº 7, 1997.

BRITO, Antonio Carlos (Cacaso) de. Concursos e concorrentes. *Leia Livros*, São Paulo: 4 (43): 5, 15 fev., 1982.

BRITO, Mario da Silva. Apresentação de *Julgado do vento*. Rio de Janeiro: Civilização Brasileira, 1979.

BRITTO, Paulo Henriques. Um Poeta Lírico. In: *Memória da chuva*. Rio de Janeiro: Nova Fronteira, 1996, p. 11-14.

BUENO, Alexei. Apresentação de *Memória da chuva*, cit.

_____. Apresentação de *Poesia reunida e inéditos*. Rio de Janeiro: Record, 1998.

_____. *Uma história da poesia brasileira*. Rio de Janeiro: G. Ermakoff, 2007.

_____. "Algumas palavras". Apresentação de *Milênios e outros poemas*. São Paulo: Patuá, 2016.

CAGIANO, Ronaldo. Um virtuoso da linguagem poética. Sobre *Sonetos reunidos & inéditos – 1975/2020*. Cultura – Jornal Angolano de Artes e Letras. Ed. nº 228. Angola: 20/07/2022.

CAMPOS, Juscilândia Oliveira Alves. O erotismo e suas formas na poesia brasileira. In: *Disseminações do desejo: o erotismo em João Cabral de Melo Neto*. Dissertação de mestrado. Feira de Santana, Bahia, 2005, p. 73-74.

CERQUEIRA, Dorine. *O romance do século XX na Bahia*. Salvador: Egba, 2018.

CRUZ, Edson. Tesouro de ausências. Curitiba: *Rascunho*, agosto de 2015.

DAMULAKIS, Gerana. Livro de sonetos. Salvador: *A Tarde* (Caderno 2, coluna *Leitura*, p. 5), 04/12/2000.

EYSEN REGO, Adriano. *Cantos epifânicos da paixão: a poesia lírico--amorosa em Ruy Espinheira Filho*. Dissertação de mestrado, Universidade Estadual de Feira de Santana, 2006.

FARIA, Álvaro Alves de. *Ruy Espinheira Filho, o ofício da palavra*. Vozes de Aço, XXII Antologia Poética de Diversos Autores – Homenagem ao poeta Ruy Espinheira Filho. Volta Redonda, 2020.

FERNANDES, Rinaldo de. Ruy Espinheira Filho – poeta das perdas. Curitiba: *Rascunho*, coluna Rodapé, fevereiro de 2008.

FERREIRA, Izacyl Guimarães. *Forma conquistada: a propósito de Ruy Espinheira Filho*. Disponível em: http://www.jornaldepoesia.jor.br./izacyl14.htlm

_____. Elegia de agosto e outros poemas. São Paulo: *Revista da União Brasileira de Escritores*, nº 111, outubro de 2005, p. 85-86.

_____. *Brevíssimo panorama da poesia brasileira contemporânea*. Disponível em: http://www.ube.org.br/lermais_materias.php?cd_materias=1423.

_____. Mestria, cânone, permanência. São Paulo: *Revista da União Brasileira de Escritores*, nº 116, agosto de 2007, p. 61-63.

FIGUEIREDO, Rubens. Precisão. *Jornal do Brasil*, Rio de Janeiro, 22/9/1979, Caderno B, suplemento *Livro*, p. 11.

FONSECA, Aleilton. Tangências e levezas. Apresentação de *A cidade e os sonhos/Livro de sonetos*. Salvador: Edições Cidade da Bahia/Fundação Gregório de Mattos, 2003, 132 p.

FREITAS, Iacyr Anderson. Os reinos submersos. *Tribuna de Minas*, Juiz de Fora, 22/9/1996, Caderno 2, p. 6. Republicado em *Poiésis Literatura*, Petrópolis-RJ, nº 40, outubro de 1996, e *A Tarde Cultural*, Salvador, BA, 26/10/1996.

_____. O desamparo no jardim. In: *Quatro Estudos*. Juiz de Fora: Edições d'Lira, 1998, p. 5-12.

_____. *As Perdas Luminosas: uma análise da poesia de Ruy Espinheira Filho*. Dissertação de mestrado na Universidade Federal de Juiz de Fora. Salvador: EDUFBA/Casa de Palavras, 2001, 148 p.

GESTEIRA, Sérgio Martagão. Lírica da pré-saudade. In: Espinheira Filho, Ruy, *Melhores poemas*. São Paulo: Global, direção de Edla Van Steen, seleção e ensaio introdutório de Sérgio Martagão Gesteira, 2011.

GUIMARÃES, José Lázaro. O acaso, a vida e a poesia. *Diário de Pernambuco*, 15/08/2010.

_____. Uma ode à dignidade. *Diário de Pernambuco*, Opinião, 11/11/2016.

GUIMARÃES, Torrieri. Inquietação e verdade na alma deste poeta. *Folha da Tarde*, São Paulo, 13/2/1980.

HERRERA, Antonia Torreão. A lírica de Ruy Espinheira e suas interseções. In: *O olhar de Castro Alves – ensaios críticos de literatura baiana*. Salvador: Assembleia Legislativa do Estado da Bahia/Academia de Letras da Bahia, 2008, p. 388-396.

HOHFELDT, Antonio. Os tempos piores de Ruy. *Correio do Povo*, Porto Alegre, 13/4/1982.

HORTA, Anderson Braga. *De memória e de sonho*. Vozes de Aço, XXII Antologia Poética de Diversos Autores – Homenagem ao poeta Ruy Espinheira Filho. Volta Redonda, 2020.

A INVENÇÃO DA POESIA | 245

JUNKES, Lauro. Baiano e mineira conquistam o Prêmio Cruz e Sousa. *Suplemento Literário Minas Gerais*, Belo Horizonte, 15 (808): 4-5, 27/3/1982.

JUNQUEIRA, Ivan. Metro curto, metro longo, alta qualidade. *O Globo*, Rio de Janeiro, 16/09/1979.

_____. Sombras Luminosas. In: *O Encantador de Serpentes* (ensaios). Rio de Janeiro, Alhambra, 1987, p. 180-184.

_____. O Lirismo Elegíaco de Ruy Espinheira Filho. In: *Exu* (revista trimestral da Fundação Casa de Jorge Amado), nº 35. Salvador, BA, 1997. Republicado em: *O Fio de Dédalo* (ensaios). Rio de Janeiro: Record, 1998, p. 72-89; e como prefácio de *Elegia de agosto e outros poemas*. Rio de Janeiro: Bertrand Brasil, 2005.

LANZILLOTTI, Luciano. *Presença de ausência: tempo e memória na poesia de Ruy Espinheira Filho*. Dissertação de mestrado. Rio de Janeiro: UFRJ, 2007.

_____. *Manuel Bandeira e Ruy Espinheira Filho: poetas da ausência e do alumbramento*. Tese de doutorado. UFRJ, 2012.

LIMA, Ricardo Vieira. Waly Salomão, Ruy Espinheira Filho e Antonio Risério – Três Faces da Moderna Poesia Baiana. Rio de Janeiro: *Tribuna da Imprensa*, 9/3/1998, caderno *Bis*, p. 1.

_____. *O lirismo memorialístico de Ruy Espinheira Filho*. Vozes de Aço, XXII Antologia Poética de Diversos Autores – Homenagem ao poeta Ruy Espinheira Filho. Volta Redonda, RJ, 2020.

LUCAS, Fábio. A literatura que sobrevive fora das manchetes e dos periódicos. Brasília: *Correio Braziliense*, 26/5/1991.

MARINO, Alexandre. Poética da Memória. Brasília: *Correio Braziliense*, 18/7/1996, caderno Dois, p. 2.

MARTINS, Floriano. Memorialismo e Lírica nos versos de Ruy Espinheira Filho. *Jornal da Tarde*, São Paulo: Caderno de Sábado, 27/02/1999, p. 4.

MARTINS, Pauliany Carla. *Memória e autorrestrição na poesia de Ruy Espinheira Filho*. Dissertação de mestrado. Universidade Federal de Goiás, 2016.

MARTINS, Wilson. A teoria e a prática do soneto. *O Globo*. Caderno *Prosa & Verso*, 14/01/1997.

_____. O tempo e o modo. *O Globo*. Caderno *Prosa & Verso*, 24/10/1998.

_____. Os sonetos. *O Globo*. Caderno *Prosa & Verso*, p. 4, 24/02/2001.

_____. Sobre De paixões e de vampiros – uma história do tempo da Era. *Jornal do Brasil* (05/07/2008)

MASSI, Augusto. A nova e a velha poesia. *Folha de São Paulo*, caderno *Mais!*, 27/4/1997, p. 12.

MATTOS, Florisvaldo. Ruy Espinheira Filho: paixão e prazer da poesia. Rio de Janeiro: Fundação Biblioteca Nacional, *Poesia sempre*, nº 34, Ano 17, 2010, p. 207-215. Reeditado em *Academia dos Rebeldes e outros exercícios redacionais*. Salvador: ALB/Alba Cultural, 2022

_____. Poeta de claridades. Apresentação de *Poemas de amor e morte*. Salvador: ALB/ALBA CULTURAL, 2015. Reeditado em *Academia dos Rebeldes e outros exercícios redacionais*. Salvador: Alba Cultural, 2022.

MENDES, André di Bernardi Batista. Quase plenitude. Belo Horizonte: *Estado de Minas*, 28/04/2012.

MIGUEL, Salim. Movimentos de uma Sinfonia. *O Estado,* Florianópolis, 8/11/1981, p. 26.

MOISÉS, Carlos Felipe. A canção de Beatriz. In suplemento *Cultura* de *O Estado de São Paulo*, ano VIII, nº 560, 4/5/1991, p. 10.

MOREIRA, Virgílio Moretzsohn. Em versos medidos, as cores sóbrias da vida despojada. *O Globo*, 2º Caderno, 11/11/1984.

MOTA, Lígia. Aos 77 anos, Ruy Espinheira Filho lança dois livros. Feira de Santana: *Folha do Estado*, 24/12/2019.

MOTA, Valéria Lessa. *O Inquilino do Incêndio — poesia e experiência urbana em Ruy Espinheira Filho*. Dissertação de mestrado. Feira de Santana: 2002, p. 199.

_____. Sombras sobre a cidade: uma leitura de "Poções revisitado: algumas notas", poema de Ruy Espinheira Filho. In *Memória conquistense*: Revista do Museu Regional de Vitória da Conquista. Edições UESB, 2007, p. 199-220.

_____. "O exercício do olhar: uma experiência de mão dupla." *Jornada – revista online.* Ano II, nº 2, abril de 2010.

PETRONIO, Rodrigo. *Ruy Espinheira Filho e a poesia como diálogo infinito. Azul Babel - a escrita e os mundos.* São Paulo: Laranja Original, 2022.

PINTO, Sérgio de Castro. Ruy Espinheira Filho. In: *Jornal da Paraíba*, caderno Vida/Geral, p. 3. João Pessoa: 06/03/2005.

_____. A força da poesia lírica. Paraíba: *Correio da Paraíba*, Cultura/Lazer, 24/05/2011.

_____. *Registro.* In: *Contraponto.* João Pessoa, 2016.

PÓLVORA, Hélio. Poeta de epifanias. Salvador: *A Tarde Cultural.* 13/4/1996, p. 9.

PY, Fernando. Livros de poesia. Petrópolis, RJ: *Diário de Petrópolis*, 15/12/1996, caderno Domingo, p. 12.

_____. Seis poetas baianos. Petrópolis: *Poiésis Literatura,* nº 54, dezembro de 1997.

_____. Livros de poesia. Petrópolis: *Tribuna de Petrópolis*, 19/12/1999.

_____. Poesia variada. Petrópolis: *Tribuna de Petrópolis,* 19/12/2004.

SAMYN, Henrique Marques. *A menina e a morte.* Disponível em: http://www.jornaldepoesia.jor.br/marques.html.

_____. Entre o amor e a ausência. *A Tarde Cultural,* Salvador, 01/10/2005, p. 10.

_____. O poeta, a menina e a morte. Rio de Janeiro: *Poesia sempre,* nº 25. Fundação Biblioteca Nacional, 2006.

_____. Soma de vivências passadas. Rio de Janeiro. *Jornal do Brasil,* 13/03/2010.

SANCHES NETO, Miguel. A Torre e a Lua. *Gazeta do Povo*, Curitiba, 7/10/1996, Caderno G, p. 4.

_____. Memória enluarada. In: *Blau* (revista bimestral de literatura), nº 16. Porto Alegre, 1997.

_____. Quando as sombras são luminosas. *Gazeta do Povo*, Curitiba, 14/09/1998. Republicado em *A Tarde Cultural*, Salvador, Bahia, 22/05/1999, p. 11.

_____. O soneto, Ruy e o idioma da Camões. In: ESPINHEIRA FILHO, Ruy. *Livro de Sonetos*. 2. ed. rev. ampl. Salvador: Edições Cidade da Bahia, 2000, p. 15-19. Republicado em *Sonetos reunidos & inéditos*. São Paulo: Patuá, 2020.

_____. Cidade memorável. *Gazeta do Povo*, Curitiba, 17/03/2003, Caderno G.

_____. Animal recordativo. *Gazeta do Povo*, Caderno G. Curitiba, 06/06/2005. Republicado no *Jornal do Brasil*, Caderno B, 08/06/2005.

_____. *Tempo inteiro*. *Gazeta do Povo*, Caderno G. Curitiba, 22/01/2012.

_____. O presente eterno. *Rascunho*, dezembro de 2019, p. 11, seção Perto dos Livros. Curitiba.

SANTANA, Valdomiro. A grande dor das coisas que passaram. *A Tarde*, Salvador, BA, 30/12/1990.

_____. Emoção lírica modulada. Salvador: *A Tarde*, Caderno 2 +, p. 3, 10/04/2010.

SCHULER, Donaldo. Espinheira, testemunho de um momento. *O Estado de São Paulo*, 29/11/1981.

SECCHIN, Antonio Carlos. *Ruy Espinheira é um grande poeta...* Vozes de Aço, XXII Antologia Poética de Diversos Autores – Homenagem ao poeta Ruy Espinheira Filho. Volta Redonda, 2020.

SEFFRIN, André. Apresentação de *Livro de Sonetos*. *Livro de Sonetos*. 2. ed. rev. ampl. Salvador: Edições Cidade da Bahia, 2000. Republicado em *Sonetos reunidos & inéditos*. São Paulo: Patuá, 2020.

SEIXAS, Cid. Uma verdadeira antologia poética. *A Tarde*, Salvador, BA, 6/5/1996, Caderno 2, p. 7. Texto republicado in: SEIXAS, Cid: *Triste Bahia Oh! Quão Dessemelhante – notas sobre a literatura na Bahia*. Salvador: EGBA/Secretaria de Cultura e Turismo, col. As Letras da Bahia, 1996, p. 219-222.

_____. O lirismo como expressão pessoal. *A Tarde*, Salvador, BA, 14/4/1997, Caderno 2, p. 5.

_____. Saltos de invenção. *A Tarde Cultural*. Salvador, 06/01/2001, p. 10-11.

SILVA, Vera Maria Tietzmann. Tempo e memória (uma leitura de Memória da chuva, de Ruy Espinheira Filho. *O Popular*, Goiânia, GO, 02/10/1998, supl. Vestilivros — A Literatura do Vestibular, p. 5-8.

_____. Memória da chuva: Poemas. *Diário da Manhã*, Goiânia, GO, 06/12/1998, supl. Universidade, p. 2.

SIMÕES, Alex. *O que ler no poema: crítica e criação literária em Ruy Espinheira Filho*. Dissertação de mestrado. Salvador: Universidade Federal da Bahia, 2004, p. 110.

TORRES, Antonio. *Tributo a um santo da minha cabeceira*. Vozes de Aço, XXII Antologia Poética de Diversos Autores – Homenagem ao poeta Ruy Espinheira Filho. Volta Redonda, 2020.

VARGAS, Suzana. A força lírica de um poeta baiano que não se entrega aos modismos. Rio de Janeiro: *O Globo*, suplemento *Prosa & Verso*, p. 4, 03/10/1998.

VIANA, Antônio Carlos. Ítaca não há mais. In: *Arte & Palavra*, suplemento cultural do *Jornal da Manhã*, Aracaju, SE, nº 11, agosto de 1991, p. 6.

XAVIER, Jayro José. Ruy Espinheira Filho: Julgado do Vento. *Colóquio/Letras*, Lisboa, (58): 96-97, novembro de 1980.

_____. Apresentação de *Antologia breve*. Rio de Janeiro: UERJ, Dep. Cultural, Col. Poesia na UERJ, 1995, p. 30.

WILLER, Claudio. Ruy Espinheira, um bom poeta baiano. São Paulo: *Retrato do Brasil*, nº 43, 25/11/1986.

Este livro foi composto na tipografia Adobe Garamond Pro,
em corpo 12/15,5, e impresso em papel off-white
no Sistema Digital Instant Duplex da
Divisão Gráfica da Distribuidora Record.